성서의
인물들

성서의 인물들 그 빛과 그림자

차정식

바람이불어오는곳

차례

머리말 6

I. 구약성서의 인물들

1. 순례자적 자유인의 초상, 아브라함 13
2. 절룩거리는 집념의 사나이, 야곱 21
3. 성장과 성숙의 표본, 요셉 31
4. 이스라엘 민족의 해방자, 모세 40
5. 신중한 지략의 전사, 기드온 51
6. 꿀벌과 산악염소의 양동작전, 여성 영웅 드보라와 야엘 60
7. 고독한 영웅의 비극, 삼손 69
8. 충실성의 원형, 나오미와 룻 79
9. 천 개의 얼굴, 다윗 89
10. 지혜의 빛과 그림자, 솔로몬 97
11. 비운의 개혁 군주, 요시야 106
12. 선지자의 대부, 엘리야 116
13. 시종일관 비애의 선지자, 예레미야 125
14. 투쟁적 개혁가의 길, 느헤미야 132
15. 공동체적 미인의 운명, 에스더 142

II. 신약성서의 인물들

1. 고독한 광야의 예언자, 세례 요한 — 155

2. 성모의 역사적 진실, 예수의 모친 마리아 — 163

3. 전천후 개척 선교사, 바울 — 175

4. 디도가 달마디아로 간 까닭은? — 185

5. 아들과 제자와 동역자 사이, 디모데 — 193

6. '위로의 아들', 바나바의 마당발 여정 — 202

7. 낙타 무릎의 의인, 주의 형제 야고보 — 212

8. 우직한 정공법의 제자도, 베드로 — 221

9. 천둥의 아들에서 사랑의 사도로, 세베대의 아들 요한 — 230

10. 징검다리 전도자의 죽음과 삶, 스데반과 빌립 — 238

11. 벌거벗은 익명의 청년 제자, 마가 요한 — 247

12. 여성 제자도의 모델, 막달라 마리아 — 256

13. 은밀한 광폭 후원자, 뵈뵈 — 265

14. 의리의 신앙 부부, 브리스길라와 아굴라 — 273

15. 빌립보 교회의 숨은 조력자들 — 282

머리말

성서의 역사는 이스라엘 민족사와 유대교의 종교사, 나아가 초기 기독교의 선교사가 포괄된 하나님의 구원사로 채워져 있다. 어떤 이는 이 장구한 역사를 움직여 간 동력으로 그 당대의 사회경제적·정치적 구조를 중시하고, 또 다른 이는 하나님의 절대 주권에 따른 신적인 섭리를 강조하기도 한다. 나름의 일리 있는 그 관점에서 정작 소홀히 여겨지는 것은 그 역사를 온몸으로 살아간 인간이라는 구성

요소다. 근대 이후 인간의 역사는 인간의 주체적인 몫으로 자리매김되기 시작했고, 신학적인 관점에서도 하나님과의 언약적 파트너 관계 속에 그 인간 백성들이 주체적으로 참여하면서 활약해 온 공력이 집중적인 관심 대상으로 부상했다.

신구약성서에는 수많은 인물이 출현한다. 그 가운데는 비중 있게 다뤄진 역사의 주역도 있고, 그들을 돋보이게 한 조역도 상당수이며, 더 많은 엑스트라 같은 인물도 스쳐 지나듯 등장한다. 그들을 일일이 다 조명하려면 천문학적 분량의 백과사전을 써야 할 것이다. 한 월간지의 요청으로 2년간 연재하면서 작성한 '성서의 인물들'은 내가 나름의 기준으로 자의적인 선택을 해서 뽑았다. 거기서 다루지 못한 인물들 여러 명을 추가하면서 신구약성서에 적절한 균형을 갖추어 15명씩 배치하여 그들의 삶과 행적, 그 교훈과 의미를 살펴보았다. 각 시대별, 직책과 활동 유형별, 성별상의 균형도 최대한 갖추어 제한된 범위일망정 역동적이고 다채로운 사람살이의 모습을 담아내고자 애썼다.

그러나 이 책에서 다룬 인물들이 성서의 자료를 간단명료하게 재구성하여 빤한 인식의 틀을 제시하는 피상적인 고찰에 머물지 않도록 배려해야 했다. 이를 위해 각 인물의 인간성과 인간됨, 그 내면의 고민과 결단, 활동과 교훈, 역사적 평가와 의의 등의 요소들을 총괄하여 경우에 따라 단편적으로나마 학문적 연구 결과를 소개했고, 쟁점은 그것대로 요약하여 독자들의 입체적인 이해를 돕고자 했다.

예나 지금이나 인간 이해, 인물 평가는 어렵다. 한 극단에서 무조건적 칭송이나 예찬 일변도로 한 인생을 아름답게 채색하기 쉽고, 또 다른 극단에서 어떤 인생을 송두리째 죄와 악으로 도배된 암흑투성이로 매도하기도 쉽다. 그러나 빛과 어둠이 교차하고, 고상한 무늬와 추레한 얼룩이 공존하는 것이 인간의 생이다. 게다가 표면의 고상한 신앙고백과 그 명분이나 가치가 그 내면의 감추어진 욕망과 만나 겉돌거나 균열을 드러내는 지점이 숱하게 많다는 점을 우리 스스로 망각하곤 한다. 자신에게 관대한 시선이 타인에게 매몰차게 적용되고 팔이 안으로 굽는 '우리 편'의 진영 논리도 한 인간의 생애를 공정하게 평가하는 것을 방해하는 오래 묵은 관행이다. 이 책이 이러한 편견과 편향, 오류와 패착에서 전적으로 무관하다고 장담할 수 없다. 더구나 성서 시대는 그 세계관은 물론 인간관 역시 신화와 역사가 만나 요동치는 까마득한 시절이 아니었던가.

이러한 근원적 한계에도 불구하고 나는 자료를 모아 분석하면서 논증과 추론과 평가를 뒤섞어 성서의 인물들을 다루며 글을 써 나갔고, 그들이 채 남기지 못한 속내의 말까지 스스로 독백할 만한 여지를 남겨 두었다. 이를 위해 저자로서 내 평가에 앞서 특히 신약성서의 인물을 가장 근접해 다룬 초기 교회사의 증언도 적절히 참조함으로써 그 인물들이 남긴 역사적 파동과 잔상을 전승사적 맥락에서 추적해 보기도 했다. 모든 책이 그렇듯이 이 책도 미완의 결론과 함께 마무리되고 그 결핍은 전적으로 저자인 나의 책임일 것이다. 이 원고를 수용하여 책으로 꾸며 주신 출판사 '바람이 불어오는 곳'과 그 책임자이신 박명준 대표님을 축복한다.

2025년 4월
온고을 서재에서

구약성서의
인물들

Abraham
Jacob
Joseph
Moses
Gideon
Deborah
Jael
Samson
Naomi
Ruth
David
Solomon
Josiah
Elijah
Jeremiah
Nehemiah
Esther

1

아브라함

순례자적 자유인의 초상

흔히 아브라함에게 따라붙는 별칭은 '믿음의 조상'이다. 바울서신과 야고보서에 공통으로 인용, 언급된 창세기 15장 6절의 구절, 즉 "아브람이 여호와를 믿으니 여호와께서 이를 그의 의로 여기"셨다는 저자의 논평이 그 대표적인 증거다. 이 말씀은 하나님이 밤하늘의 별들과 같이 무수한 자손을 주시겠다는 약속을 한 뒤 나오는데 특정한 약속을 믿었다는 의미는 아닌 것 같다. 사실 그는 무수한 자손의 약속은

커녕 자신과 사라의 늙은 몸에서 아들 이삭을 주시겠다는 약속조차 미심쩍어 웃음으로 응답한 사례가 있다. 그의 내심 솔직한 생각은 "백 세 된 사람이 어찌 자식을 낳을까. 사라는 구십 세니 어찌 출산하리요"(창 17:17)라는 합리적인 의심에 가까웠다. 흔히 아브라함이 이삭을 제물로 바칠 때 그런 믿음이 작용하여 그를 제물로 삼아 죽이더라도 다시 그 아들을 부활시켜 되돌려 받을 줄 확신했으리라 짐작하지만, 그게 사실이었는지 여부는 창세기에 언급되지 않는다.

담대한 용기로서의 믿음

물론 아브라함을 믿음과 연관 지어 이해할 만한 구석이 없는 것은 아니다. 그는 고향 갈대아인의 고장 우르를 떠나 가나안 땅으로 과감하게 탈향했다. 그러나 이 또한 자세히 읽어 보면 그가 자유를 찾아 과감한 모험의 여정에 시동을 건 첫 번째 인물이 아니었음을 알 수 있다. 갈대아인의 땅 우르를 떠나기로 결단하여 식구들을 데리고 중간 기착지인 하란에 도착한 사람은 아브라함의 아비 데라였다(창 11:31-32). 데라가 거기서 죽은 뒤 그 유랑의 바통이 아브라함에게 넘겨졌고, 그는 하란 한곳에 붙박여 살기보다 하나님의 명령을 따라 순종하는 믿음으로 계속하여 유랑의 여정에 올라 하나님이 지으시고 후손들에게 약속하신 땅을 밟아 가며 순례의 삶을 이어 갔다. 그렇게 그는 하란에서 세겜으로, 세겜에서 벧엘로, 벧엘에서 애굽으로, 애굽에서 네게브를 거쳐 다시 벧엘로, 거기서 마므레의 상수리나무가 있는 숲으로 끊임없이 이동하면서 유목민처럼 살다가 죽었다. 이러한 몸의 동선으로 아브라함은 장차 400년 후 그 후손들이 애굽에서 종살이하다가 출애굽하여 큰 민족을 이루어 나갈 미래의 역사를 체현해 보였다. 따라서 그의 믿음은 야웨 하나님의 계시를 의지해 충량하게 순종하는 믿음이었다고 볼 수 있다. 나아가 그 믿음은 모험의 자유를 택하여 한곳에 얽매이지 않고 하나님이 약속하신 땅을 미리 답사하며 순례하는, 선교적 유랑으로 나아가고자 결단한 의지의 발현이었다. 요컨대 그것은 히브리서에 암시된 대로, 또한 어느 찬송가의 가사처럼, 눈에는 아무 증거 안 보이고 귀에는 아무 소리 안 들려도 부르심에 응답하여 앞으로 전진해 가는 파레시아(parrēsia), 곧 담대한 용기로서의 믿음이었다.

아브라함의 생애를 통틀어 보면 이런 담대한 믿음에 역행하는 듯한 부정적 사례도 물론 탐지된다. 그가 애굽 왕과 그랄 왕 아비멜렉에게 자신의 아내 사라를 누이라고 속여 자기 목숨에 대한 위협을 차단하려는 꼼수를 부린 게 바로 그 대표적인 경우다. 이처럼 하나님께 매우 신실하고 담대한 사람도 위기 상황에 처하면 잔머리를 굴리고 자기 아내를 이용하여 자신의 생존을 도모하는 누추한 인간의 모습을 곧잘 드러낸다. 여기에 사례를 하나 더 보탠다면, 그가 사라의 몸종 하갈을 첩으로 들여 이스마엘을 낳고 나중에 사라를 통해 이삭을 낳아 생긴, 배 다른 형제 사이의 가족 문제를 들 수 있다. 불화와 갈등이 빤히 예견되었음에도 아브라함은 그 가운데 불거진 비극적인 파국의 상황을 미리 제어하거나 조율하지 못한 채 수수방관하다시피 했다. 그의 그런 우유부단 또는 소심한 무관심도 비판적으로 지적받을 만하다. 그러나 이런 인간적 약점을 상쇄하고도 남을 만큼 아브라함은 강점이 많았고 거기서 우리가 얻을 만한 교훈도 적지 않다.

용감하고 인간적인 성품의 미덕

아브라함에게서 배울 만한 미덕은 무엇보다 그의 조카 롯과의 관계에서 보여 준 관용과 충실한 의리이다. 그는 하란에서부터 롯과 동행하면서 서로 가축이 늘어나고 그 목자들 사이에 다툼이 생기자 갈라서기로 하고 롯에게 전적으로 원하는 곳을 차지할 선택의 우선권을 주었다. 아브라함이 롯에게 "네가 좌하면 나는 우하고 네가 우하면 나는 좌하리라"(창 13:9)라고 말한 양보의 제안은, 이해관계에 민감하고 손해 보려 하지 않는 인간의 본성에 비추어 쉽지 않은 것이었다. 그러나 하나님을 전적으로 믿고 의지하는 여유 있는 사람은 이런 양보를 통해 손해를 감수하더라도 남을 이롭게 하는 도량을 품을 수 있다. 그뿐만이 아니다. 롯은 소돔 쪽에 자리 잡고 살다가 북쪽의 여러 부족 국가들이 벌인 약탈 전쟁에 온 가족과 함께 포로로 붙잡혀 가게 되는데 아브라함은 이를 외면하지 않았다. 318명의 특공대를 조직하여 친히 그들을 진두지휘하며 목숨을 걸고 조카 롯과 그 식구들을 위해 싸워 마침내 구출해 내는 의리를 보였다. 이런 의리는 오로지 관계의 충실성을 하나님에 대한 신뢰 못지않게 중시하는 용감하고 가치 지향적 인간만이 실행할 수 있는 미덕이다.

그 과정에서 아브라함은 가나안 땅에 체류하면서 그곳에 선주민으로 정착해 살고 있던 사람들과 우호적 관계를 확립하여 '동맹'으로 삼는 연대와 협력의 기품을 보여 주기도 했다. 그때 그 동맹의 관계로 맺어진 사람들은 아브라함의 상수리나무 숲 땅 주인 마므레와 그들의 형제 에스골, 아넬 등으로 언급된다(창 14:13). 아브라함은 비록 부득이한 극단의 상황에서 불의한 일에 용맹스럽게 저항하기도 했으나 그렇다고 싸움을 즐기는 호전적인 인물은 아니었다. 오히려 그 반대가 그의 성품에 더 가까운 것으로 판단된다. 그는 평상시 싸움을 하기보다 타협하고 거래를 통해 서로의 이익과 관심을 조율할 줄 아는 합리적인 협상가로서의 면모를 드러냈기 때문이다.

과감한 거래와 협상의 사람

참으로 놀랍게도, 그 거래의 최초 대상은 하나님이었다. 하나님은 당신의 사자를 보내 죄악이 관영한 소돔 땅을 심판하기로 작정했다. 이에 따라 그곳에 사는 롯과 그 가족의 안위를 염려한 아브라함은 장사꾼조차 예사롭지 않게 했을 법한 조건을 내걸면서 하나님과 거래하며 설득을 시도했다. 그 조건은 의인과 악인을 한꺼번에 싸잡아 멸망시키는 것이 부당하니 세상을 정의로 심판하시는 하나님이라면 만약 그곳에 의인 50명이 있을 경우 그들을 위해 온 지역을 용서해 주시겠냐는 것이었다. 그 조건을 하나님이 응낙하자 아브라함은 하나님을 향해 더욱 과감하게, 또 롯의 가족을 위해 더욱 절박하게 거래 조건을 깎아 의인 50명의 숫자를 45명으로, 다시 40명, 30명, 20명, 마침내 10명으로 낮추면서 하나님을 압박해 나갔다. 아쉽게도 의인 10명이 그 땅에 부재하여 소돔이 심판의 징벌을 받게 되었지만, 굳이 이런 미실현된 협상과 거래의 이야기를 창세기의 긴 지면에 삽입해 넣은 이유가 무엇이었을까. 우리가 하나님과의 관계에서 수동적인 꼭두각시가 아니라 담대하게 대화하며 소통할 수 있는 언약의 파트너임을 상기시켜 주기 위함이 아니었을까.

이런 솔직한 거래와 협상의 기술은 그의 아내 사라가 죽자 그녀를 매장할 땅을 구입하는 과정에서도 발휘된다. 아브라함은 자신을 이방인의 땅에 거류하는 나그네로 자리매김하면서 그곳 헤브론 땅의 선주민 헷 족속 앞에 극진한 예의를 표한다. 아브라함은 아내를 매장할 막벨라 굴의 주인인 소할의 아들 에브론에게 땅값으로 은 4백 세겔을 쳐 주면서 그 땅을 정당하게 돈을 주고 산다. 에브론은 아브라함을 자기의 주인어른처럼 공경하여 "나와 당신 사이에 무슨 문제가 되리이까. 당신의 죽은 자를 장사하소서"(창 23:15)라고 무상으로 거저 주고 싶어 했으나, 아브라함은 호의는 호의대로 받되 그 값을 줌으로써 땅의 소유권과 관련하여 훗날 생길 수 있는 혼란을 미연에 방지하는 지혜를 발휘했다.

이러한 단호한 소신과 판단력은 자신의 독자 이삭을 하나님께 제물로 바치고자 결단하는 데서 정점에 이른다. 범상한 인간으로는 도저히 감당하기 어려운 이러한 순종의 테스트를 (아마도 많은 인간적 번뇌의 과정을 거쳤겠지만) 아브라함은 끝끝내 견뎌 내며 마음을 단숨에 비워 낼 줄 알았다. 이렇듯 그는 희망의 유일한 자산인 외아들마저 비워 내고 내려놓을 줄 아는 '자유'를 추구했고, 그 자유를 좇아 순례자처럼 유랑했으며, 마지막 호흡이 멈추는 순간까지 열린 자유의 삶을 살고자 했다. 이는 곧 하나님의 가장 두드러진 신적 성품인 바람 같은 자유를 따라 이 땅에 살되 지상적 삶의 여건 그 무엇에도 매이지 않고 하나님을 닮아 간 순례의 여정이었을 것이다.

담대한 용기, 성실한 의리의 실현

이렇듯 아브라함에게 믿음은 한순간의 뜨거운 열정이나 이해관계에 집착한 타산적 욕구와 무관했다. 오히려 그에게 믿음은 담대한 용기로 하나님의 원초적 부르심에 응답하고 그 순간을 수시로 기억함으로써 하나님과의 언약은 물론 주변 사람들과 맺은 약속을 책임 있게 이행하는 방식으로 검증되었다. 그리고 많은 경우, 자신의 인간적 도리를 다하는 성실한 의리의 실현 방식은 그의 자잘한 인간적인 허물을 감쌀 만한 소중한 미덕으로 발현되어 평생에 걸쳐 차근차근 구현되었던 셈이다. '믿습니다', '아멘'을 습관처럼 남발하면서도 소소한 이해득실을 좇아 기본적인 책임조차 방기하는, 그래서 알짜배기 믿음이 희귀한 이 시대에 그의 믿음은 단순한 상징적 징표 정도로 가둬 둘 수는 없다.

2

야곱

절룩거리는 집념의 사나이

야곱은 태어날 때부터 형 에서의 발꿈치를 붙잡고 태어날 정도로 남에게 밀리는 것을 싫어했다. 그런 그가 엄마 리브가의 후광을 힘입어 팥죽(실제로는 렌틸 수프) 한 그릇에 형을 꼬드기고 눈먼 아비 이삭을 속여 장자 축복의 권리를 앗아 갔다고 우리는 그의 욕심을 되뇌길 좋아한다. 그런데 더 의아한 것은 그런 탐욕스러운 야곱을 하나님이 택하여 그를 에서 대신 이스라엘 민족의 선조로 삼아 아브라함과 이삭을 통해 대물림된 복의 물꼬를 그에게 돌렸다는 사실이다. 물론 그 대가를 야곱이 치르지 않은 것은 아니었다. 그는 형 에서가 속은 것에 분개하여 자신을 해칠 것을 두려워하여 멀리 낯선 하란 땅 외삼촌 라반의 집으로 도주했다. 집도 절도 없이 그 팍팍한 광야 길을 달리며 야반도주하듯 달아난 야곱의 모습을 상상해 보노라면 진실을 속이고 도망친 연약한 인간의 초상이 절로 그려진다. 그가 광야의 한 구석 미지의 땅에 누워 돌베개를 베고 잠을 청했을 때 새벽이슬 맞아 가며 불안하고 불편하게 잠든 표정은 얼마나 처량했을까. 평범하고 양식 있는 독자라면 야곱의 이런 처량한 꼬락서니를 두고 인과응보라고 이해하지 않을까.

신적 편애를 받은 탐욕적인 인간

그런데 광야에서 잠자던 야곱에게 야웨 하나님은 꿈속에 나타나 아무런 조건 없이 이러한 축복의 말씀을 마구 던지신다. "나는 여호와니 너의 조부 아브라함의 하나님이요 이삭의 하나님이라. 네가 누워 있는 땅을 내가 너와 네 자손에게 주리니 네 자손이 땅의 티끌같이 되어 네가 서쪽과 동쪽과 북쪽과 남쪽으로 퍼져 나갈지며 땅의 모든 족속이 너와 네 자손으로 말미암아 복을 받으리라. 내가 너와 함께 있어 네가 어디로 가든지 너를 지키며 너를 이끌어 이 땅으로 돌아오게 할지라. 내가 네게 허락한 것을 다 이루기까지 너를 떠나지 아니하리라"(창 28:13-15). 야곱은 이런 큰 복을 받기 위해 딱히 검증받은 선행이나 의로운 실천이 없는 사람이었다. 오히려 얍삽하게 형 에서의 장자 축복권을 가로채고 보복이 두려워 도주하던 탐욕스러운 인간일 뿐이었다.

따라서 하나님이 꿈속에 나타나 전한 이러한 '신적 편애'는 인간의 상식으로 도무지 이해하기 어려운 구석이 있다. 물론 정신분석학의 틀을 들이대면, 야곱이 당시 내면적 억압이 심하던 상황이라 그것을 극복하려는 자기 집념과 열정이 내면화되어 자신의 현 상태를 뒤집어 도약하려는 심리적 동기가 이렇게 꿈속에 하나님을 호출했고 그분의 말씀으로 자신을 위해 복을 예언하는 무의식이 발동했다는 식의 해석이 가능할 것이다. 아니면 훗날 야곱이 이스라엘 민족의 원조가 된 사실을 근거로, 사후승인 격으로 야곱이 본래 이런 복을 타고 났다고 문학적 각색을 한 것으로 분석할 여지도 없지 않다. 한 발짝 더 나아가 액면 그대로 이 축복의 내용을 읽어 보면, 하나님의 신적 편애는 그분의 절대 주권과 자유를 표상하는 예정론적 사례라고 신학의 논리를 들이대 조명할 수도 있겠다.

전후 맥락이야 어찌 되었든, 야곱은 그렇게 일찍이 고

향을 떠나 객지에서 외삼촌 수하의 일꾼으로 모진 육체노동을 하며 자신의 앞길을 닦아 나가게 된다. 거기서 외삼촌의 가축을 돌보는 일을 맡아 노역하며 7년을 노동함으로써 야곱은 애모하던 둘째 딸 라헬을 아내로 얻기로 약조 받았지만, 외삼촌 라반이 이러한 약속을 파기하고 야곱을 속임으로써 그는 앞서 형 에서를 속인 후과를 엉뚱한 곳에서 톡톡히 치러야 했다. 자신의 속임이 자신에 대한 속임으로 되돌아오는 인과응보의 공정한 하나님의 법칙이 이렇게 응분의 대가로 나타났다고 생각할 수 있다. 그러나 그것이 이야기의 전부는 아니었다. 언니보다 아우를 먼저 혼인시키는 것이 그 지방 관습에 맞지 않는다고 라반이 나름의 논리를 제시하자, 야곱은 사랑하는 라헬을 위해 7일을 더 채우고 7년을 더 그 집에서 섬기는 대가를 추가로 치르기로 함으로써 라헬을 아내로 얻고 비로소 독립할 수 있었다.

    아내를 얻고 자식을 낳아 가족의 혈통적 기반이 마련되자 야곱은 자신의 재산을 축적하기 위한 집념을 불태우며 다소 기이한 방식으로 외삼촌 라반의 가축을 교배하여 자신의 것으로 만들기 시작한다. 그가 라반과 거래하여 동의를 받아 낸 방식은, 자신이 돌보는 양과 염소가 새끼를 낳으면 그 가운데 아롱진 것과 점 있는 것과 검은 것을 가려내 자신의 품삯으로 받겠다는 것이었다. 야곱이 이를 위해 택한 전략은, 버드나무와 살구나무와 신풍나무의 껍질을 벗겨 흰 무늬를 내고 껍질을 벗긴 가지를 개천의 물 구유에 세워 양 떼가 그것을 보고 새끼를 배게 하는 다소 주술적인 방식이었다. 야곱은 그 나뭇가지를 튼튼한 양 떼 앞에 두고 약한 양들을 배제함으로써 튼튼한 유전 인자를 지닌 양 떼가 야곱의 재산으로 귀속되게 했다. 이렇게 야곱은 특이한 방식으로 가족과 재산을 마련한 뒤 마침내 자신의 목적지를 알리지 않고 조용히 라반의 집을 떠난다. 라반과 그 아들들이 그런 그를 그냥 봐줄 리 없었다. 오래전 형에게서 쫓기던 야곱은 다시 라반의 일족에게 쫓기는 신세가 된다. 그러나 결정적인 위기 상황에서도 하나님은 라반에게 현몽하여 야곱 일가를 해치지 말 것을 거의 강압하는데 그 결과 마침내 20년에 걸친 이 두 사람의 애증 관계가 종료되고 둘 사이에 언약이 맺어져 평탄한 귀향길이 열리게 된다.

야곱에서 이스라엘로

여기까지가 야곱이 자수성가하여 탈향과 귀향의 긴 여정 가운데 비로소 독립적인 성인으로 장성하게 된 이력을 반영한다. 그 뒤로 야곱은 20년간 원한이 풀리지 않았을지 모를 에서의 보복이 두려워 최대한 조심스레 몸을 낮추고 형에 대한 과오를 뉘우치는 겸손한 자세를 취한다. 긴 세월에 걸쳐 원한이 풀린 에서도 동생 야곱을 포용함으로써 야곱의 귀향은 성공적으로 마무리된다. 이 두 형제가 경험한 평화의 재회에 복선으로 깔린 사건이 브니엘 이야기다. 야곱은 얍복강을 건너 고향으로 돌아갈 즈음 매우 전략적으로 대열을 꾸린다. 풍성한 예물을 맡은 종들을 맨 앞에 세워 형 에서의 동태를 정탐하면서 화해의 메시지를 타전하고, 그 뒤에 자신의 두 아내와 두 여종과 열한 아들을 인도하여 보낸다. 자신은 그 뒤에 홀로 남아 마지막까지 하나님의 확증을 받으려는 심사였는지 천사로 여겨지는 한 사내와 밤새도록 씨름하며 복을 구하다가 허벅지 관절이 어긋나는 타격을 입는다. 그로 인해 절룩거리는 부상자가 되는 것을 무릅쓰면서까지 그는 자신의 이름이 더 이상 야곱이 아니라 '하나님과 겨루어 이겼다'는 의미의 이스라엘이란 새 이름을 얻게 된다. 더구나 그 와중에 하나님의 얼굴을 보았으면서도 죽지 않았다는 뜻으로 '브니엘'이라는 그곳 지명과 관련된 기원론적 설화를 남긴다.

이와 같이 야곱의 서사는 야곱과 이스라엘을 경계로 쫙 갈린다. '야곱'이란 이름이 한 개인이 치열한 집념으로 자신의 일가를 세우기까지 우여곡절 끝에 자수성가한 이야기를 담아낸 표상이라면, 새 이름 '이스라엘'은 이제 한 민족을 이룰 토대로서 장차 12지파의 씨앗이 될 한 언약 공동체가 그 원시적 모체를 이루어 출애굽 사건의 예비적 단계를 반영하는 또 다른 표상이다.

절룩거리며 걸어가는 인생길

야곱은 이렇게 형 에서와 외삼촌 라반의 험한 고비를 넘었지만, 그 후에 펼쳐진 그의 여생이 그 풍족한 재산과 많은 가족을 기반으로 탄탄대로를 확보하면서 마냥 행복하고 유쾌했던 것은 아니다. 야곱이 에서와 화해하여 '엘엘로헤이스라엘'(창 33:20)의 제단을 쌓은 뒤 세겜 성읍에 장막을 치고 우거할 때 자신의 딸 디나가 그곳의 추장 히위족속 세겜에게 강간을 당하는 치욕을 겪게 된다. 야곱은 이 사건을 순리로 풀어 해결하려고 상대방과 약조를 맺었지만 속임수의 달인 야곱을 닮은 그의 두 아들 레위와 시므온은 불같은 혈기로 약조를 파하고 물리적인 폭력을 동원해 자신의 여동생을 범한 이들을 철저히 응징, 보복했다. 이로 인해 야곱은 자신의 업보인 양 또 다른 수치를 겪어야 했다. 그 후 또 얼마 지나지 않아 야곱은 자신이 사랑하던 아내 라헬이 벧엘에서 에브랏으로 이동하던 중 난산으로 베냐민을 낳다가 죽는 절통한 슬픔을 겪어야 했다.

가지 많은 나무에 바람 잘 날 없다고, 야곱이 당한 심각한 고난은 그것이 끝이 아니었다. 일찍이 자신을 편애한 엄마 리브가로 인해 에서와의 형제 의리에 금이 갔듯이, 야곱은 열한 명의 아들 중 요셉을 채색옷을 입힐 만큼 편애한 듯하다. 형들은 그런 요셉을 시샘한 나머지 마침내 그를 구덩이에 버리고 이스마엘 사람에게 노예로 팔아넘겼다. 그렇게 동생에게 악한 짓을 한 형들은 염소 피를 요셉의 옷에 묻혀 마치 그가 야수에게 찢겨 죽은 것으로 사건을 위장함으로 아비 야곱을 속였다. 이렇게 형에게서 장자권을 빼앗으려 저지른 한 차례 속임수로 인해 야곱은 누차 속임을 당하는 고통을 겪게 된다. 이 돌고 도는 인과응보적 생의 궤적 속에 그는 어긋난 대퇴부 관절은 나았을지라도 계속해서 절룩거리며 비틀거리는 인생길을 걸어야 했다. 더구나 오랜 세월이 지나 죽은 줄 알았던 요셉을 애굽에서 다시 만나기까지 사랑하는 그 아들이 죽었을 거라고 철저하게 믿고 살면서 야곱의 내면의 상처는 얼마나 곪고 얼마나 심하게 썩어 문드러졌을까.

요셉은 참 신실하게도 애굽의 총리로 크게 성공한 뒤에도 형들에게 보복하지 않았다. 그렇게 마침내 보복의 악순환을 끊고 늙은 아비 야곱과 그 자손들을 애굽에서 상면했다. 그때 절룩거리는 인간 야곱이 애굽의 왕 바로 앞에서서 자신의 130년 생을 회고하면서 고백한 말 한마디가 인상적이다. 자신의 한평생을 압축하는 야곱의 인간적 자화상이 그 속에 절묘하게 각인되어 있기 때문이다. "내 나그네 길의 세월이 백삼십 년이니이다. 내 나이가 얼마 못 되니 우리 조상의 나그네 길의 연조에 미치지 못하나 험악한 세월을 보내었나이다"(창 47:9). 이 고백은 야곱에 국한된 고백이 아니라, 자신의 욕망을 따라 절룩거리며 걸어가는 모든 나그네 인생에 적용될 만한 고백이다.

너는 얼마나 하나님과 다투어 이겼는가

우리 또한 자신의 욕망을 일상의 동력으로 삼아 그것이 가리키는 것을 좇아 종종 탐욕을 부리며 살아가지 않는가. 겉으로는 고상한 목표를 세우나 그 이면은 야곱의 경우와 다를 바 없이, 욕심을 따라 정신없이 우리 인생을 끌고 가지 않는가. 그렇게 자신의 이익을 챙기기 위해 발버둥 치며 남을 속이기까지 하지만, 결국 그것이 고스란히 자신에게 되돌아와 속임을 당하는 되치기 인생, 인과응보의 여정을 밟아 오지 않았는가. 야곱과 이스라엘의 간극 사이로 하나님은 당신의 백성에게 야곱의 질문을 던진다. '너, 지렁이 같은 야곱아! 바람 같은 나그네 생을 거쳐 온 험악한 세월을 통틀어 너는 얼마나 하나님과 다투어 이겼는가. 그렇게 이긴 승리의 개선가는 얼마나 이스라엘로서 진정성을 담보하는가. 야곱이 여러 차례 하나님의 복을 받았지만, 또 그 복을 확증하기 위해 교활한 술수를 부리고 자신의 환도뼈 탈골이란 대가로 치렀지만, 그것이 그 험악한 세월에서 얼마나 영광스러운 생의 무늬를 남겼는가.'

3

요셉

성장과 성숙의 표본

야곱의 아들 중 막내는 베냐민이지만, 실제로 구약성서에 등장하는 베냐민의 삶에 얽힌 연대기적 발자취는 매우 희미하다. 그래서인지 베냐민 대신에 요셉이 그의 막내아들인 것처럼 떠오르기 일쑤이고, 실제로 어린 시절 그에 얽힌 일화를 살펴보면 막내 티가 폴폴 풍기는 분위기를 읽어 낼 수 있다. 이 두 아들은 야곱이 사랑한 아내 라헬의 소생으로, 어쩌다 부인이 된 레아나 두 자매의 몸종이었던 빌하와 실바의 아들들에 비해 아비 야곱으로서는 각별한 애정이 쏠렸을 법하다. 그래서인지 창세기는 요셉이 야곱이 노년에 얻은 아들이므로 여러 다른 아들들보다 그를 더 사랑하여 채색옷을 지어 입혔다고 기록한다. 야곱의 그런 인지상정과 노년의 정서에 맞춤한 진솔한 편애를 누가 인간적으로 타박할 수 있겠는가. 그러나 자녀를 향한 공정한 정치 감각을 놓친 나머지 그는 가족사의 또 다른 비극을 초래한 장본인이라는 오명을 감수해야 했다.

편애가 낳은 불화와 폭력

요셉의 형들이 등신이 아닌 바에야 아비의 요셉 사랑에 질투심이 안 생길 리 없었다. 그로 인해 딱히 요셉과 형들 사이에 얼굴 붉힐 언짢은 일이 생긴 건 아니었지만 서로 편하게 대하며 말을 나눌 수는 없었다. 형들의 그 불타는 시기심이 내심 찜찜한 울분을 자극했으리라. 야곱의 정서적 편애, 요셉의 응석받이 기질, 형들의 시기심, 이 모든 것이 상승 작용하여 점점 더 걷잡을 수 없는 폭력이 잉태되고 있는 것을 아무도 눈치채지 못했을 테니, 인간사의 불화와 갈등은 그 무엇이든 항상 작은 불씨에서 시작된다는 걸 항상 뒤늦게 깨닫는 이 실존의 병통을 누가 제어할 수 있으랴!

이런 아비의 편애에 응답하기라도 하듯, 요셉은 어느 날 자기애에 사로잡힌 꿈을 꾸고 나서 천연덕스럽게 형들에게 그 꿈을 들려주었다. 밭에서 엮은 자기의 곡식 단은 일어서고 형들의 곡식 단은 요셉의 단을 둘러서 절을 하더라는 것이었다. 사람들은 작은 자가 큰 자를 물리치고 불리한 상황을 급반전시켜 승자가 되는 사건에 카타르시스를 느끼는 경향이 있다. 그러나 사건의 당사자들 입장에서 그러한 일은 극히 드물고, 있다고 해도 늘 대가와 비용을 치러야 하는 곤란한 상황임을 우리는 경험으로 안다. 또한 요셉은 이 꿈에 더하여 해와 달과 열한 별이 자기에게 절하더라는 또 다른 꿈 이야기를 자랑스레 떠벌림으로써 형들뿐 아니라 해와 달로 표상되는 부모까지도 욕보이며 유치한 '내가 최고'의 깃발을 흔들어 댔다. 이는 아비 야곱의 침묵 어린 반응이 암시하듯, 예언/성취의 관점에서 보면 훗날에 이루어질 요셉의 인간 승리에 복선을 까는 것이었지만 그로 인해 치러야 할 현실의 대가는 만만치 않았다.

형들은 질투와 시기의 감정에 사로잡힌 나머지 분기탱천한 상태에서 틈을 노리다가 마침내 요셉의 기세를 꺾어 그를 아예 없애 버리려는 끔찍한 형제 살해의 범죄를 기획한다. "꿈꾸는 자"로 비아냥의 대상이 된 요셉은 형들의 함정에 걸려, 요셉을 죽여 구덩이에 던져 버리자는 다수의 제안에 따라 목숨이 위급해지는 상황에 직면한다. 그러나 막판에 맏형 르우벤이 연민의 마음이 동했는지 생명을 해치지는 말자고 역제안하여 요셉은 마침내 구덩이에 던져졌고, 연이어 유다의 또 다른 제안에 따라 미디안 상인들에게 은 이십에 팔아넘겨지게 된다. 이 장면은 마치 예수가 배반한 제자 가룟 유다에 의해 은 삼십에 팔린 복음서의 장면을 연상시켜 주는데, 이런 유사점으로 요셉은 구약에 나타난 예수의 표상으로 인식되곤 한다. 이 형제 유기 사건 직후 그 뒤처리 연극과 변명은 요셉이 짐승에게 물려 갔다는 식의 거짓으로 일관되었다. 자식을 잃었다는 고통에 아비 야곱의 슬픔이 스올(음부)에 내려가는 듯한 심정에 비유될 정도였으니, 그 특별한 사랑에 비례하여 그 심경이 얼마나 참담했는지 짐작할 수 있다.

상황 반전의 연속으로 점철된 인생

이후 요셉의 이야기는 상황 반전의 연속으로 점철된다. 이스마엘 사람의 손에서 애굽의 친위대장 보디발의 집 일꾼으로 넘겨졌다가 범사에 그의 일솜씨가 뛰어나 형통하는 것을 보고 집주인의 신임을 얻어 단박에 그 가정의 총무로 발탁되어 집안의 가산을 관리하는 청지기 역할을 맡게 되었다. 그러다 보디발의 아내가 용모 빼어난 요셉을 성적으로 유혹하여 동침하려 했다가 성사되지 못하자 그 분풀이로 요셉을 모함한 일, 그로 인해 요셉이 억울한 누명을 쓰고 감옥에 갇히게 되었으나 간수장의 신임을 받아 다른 죄수를 관리하도록 특혜를 얻은 일, 애굽 왕에게 죄를 지어 갇힌 술 관원장의 꿈을 해석해 준 것이 계기가 되어 석방되고 애굽의 바로가 꾼 꿈을 해석하여 적중한 일, 또 그것이 신뢰의 매개가 되어 애굽의 국무총리로 파격 출세한 일 등이 그것이다. 이때 애굽의 바로가 요셉의 지혜와 명철을 칭송하여 한 말은 그가 "하나님의 영에 감동된 사람"이라는 것이었다.

그러나 여기까지는 요셉의 성공 스토리 1막에 불과하다. 그것은 요셉이라는 애송이 어린아이가 유치한 자기 자랑과 도취에 빠졌다가 깨어나 고난과 역경의 시련을 통과하며 세상과 인간을 보는 안목이 넓어지고 깊어지고 인격과 신앙이 성장해 간 과정이라고 볼 수 있다. 창세기는 그가 하나님과 사람 앞에 성실하고 정직했기에 하나님이 그를 귀하게 보시어 어디를 가든 무엇을 하든 그에게 피할 길을 주시고 전심으로 보호해 주신 신적 은총과 섭리로 서사의 흐름을 엮어 간다. 그렇지만 요셉이 아무런 내적인 각성과 연단된 자질 없이 하나님의 영이 그로 인해 감동했을 리 만무할 터이다. 그는 고난과 역경을 온몸으로 치러 내면서 생사의 고비에서 살아남기도 했고, 노예로 또 감옥에 갇힌 수인으로 인생의 밑자리를 처절하게 경험하면서 인간의 생사화복이 자기 뜻하는 방향으로 굴러가지 않는다는 점을 절절히 깨달았을 것이다.

성숙한 인간으로 발돋움

요셉은 이렇게 일인지하 만인지상의 권좌에 올라 오랜 세월이 흐른 뒤 가나안 땅의 기근이 빌미가 되어 애굽으로 식량을 구하러 온 원수 같은 형들과 친동생 베냐민을 대면하게 된다. 또 아들이 어려서 죽었다고 굳게 믿을 수밖에 없었던 늙은 아비 야곱과도 상봉하기에 이른다. 옛날의 억하심정대로라면 형들에게 당한 일의 억울한 기억을 들춰내어 당장에 박살을 내고 복수하려는 열기로 이글거려도 지극히 정상이었을 것이다. 그러나 창세기의 요셉 이야기는 동서고금의 사극이나 무협극의 정통 서사에 역행한다. 요셉은 아우 베냐민과 그 형들을 부둥켜안고 울며 자신의 고난이 하나님의 섭리 가운데 이루어진 일이었다고 고백한다. 요셉이 아우 베냐민을 인질로 삼고 부친 야곱을 만나고자 하는 전략으로 형들을 외형적으로 겁박하지만, 이는 흩어진 가족의 재회를 극적으로 만들려는 감동의 예비적 플롯에 불과하다. 이와 같이 숱한 고난과 역경을 통과한 요셉은 그의 신앙과 인격이 성장한 동시에 복수하지 않고 연민의 형제애로 원수를 눈물로 포용하는 성숙한 인간으로 발돋움한 것이다.

마침내 부친과 가솔이 모두 애굽으로 회집하여, 야곱의 가문을 통해 이루어지던 하나님의 구원사의 무대는 가나안 땅에서 한시적으로 애굽으로 이동한다. 거기서 그의 일가는 요셉을 신뢰하고 친애하던 왕의 배려로 애굽의 좋은 땅 라암셋에 평안하게 정착하여 비교적 풍성한 삶을 누리며 행복하게 살게 되었다. 이후 요셉은 애굽의 중앙 집권 체제를 강고하게 구축하여 바로의 왕권을 강화하고 왕실을 튼실하게 세워 가는 데 큰 공을 세웠다. 애굽에도 기근이 심해져 백성들이 빌린 돈을 갚을 길 없게 되자 요셉은 가축과 토지를 대신 받아 그것을 바로의 소유로 귀속시켰다. 또한 백성이 왕의 종으로 복무하면서 그 땅에서 농사를 짓고 양식을 취하되 소득 중 5분의 1을 바로에게 상납하도록 함으로써 공생할 수 있는 기반을 만들었다. 중앙 정부의 행정가로서 최고 성과를 거둔 셈이다. 물론 오늘날 관점에서는 자작농 백성을 담보 대출을 통해 종으로 전락시키고 왕의 1인 권력을 극대화하여 그에게 예속시킨 격이니 그 대리 통치에 한계가 있다고 인색하게 평할 수도 있다. 그러나 창세기는 요셉의 이러한 승승장구로 야곱을 비롯한 이스라엘 족속이 이방의 땅에서 생업을 얻어 생육하고 번성했다는 긍정적인 결론을 내린다.

고난과 역경을 이겨 내며 성숙한 인생

그것이 요셉 이야기의 최종 결론이었다면 그의 성장과 성숙 이야기는 세속의 성공담과 별반 다르지 않게 종결되었을 것이다. 그러나 요셉은 애굽이라는 이방 땅을 자신이 영원히 거할 처소로 여기지 않았다. 아비 야곱이 먼저 자신이 죽고 나면 애굽에 두지 말고 유골이라도 조상의 묘지에 장사해 달라고 유언을 했다. 마찬가지로 요셉 또한 110세의 명을 누리고 죽을 때 이스라엘 자손에게 맹세하게 하기를, 장차 애굽 땅에서 나갈 때 자신의 해골을 메고 하나님이 조상들에게 주신 약속의 땅으로 올라가겠다고 하게 했다. 이는 단순히 수구초심의 인지상정을 표상하는 유언이 아니라고 본다. 오히려 요셉의 성숙한 역사의식을 반영하는 메시지로 읽힌다. 자신의 생애 대부분이 이방 땅에서 성공과 출세로 빛났으나 그곳은 자신이 머물 영원한 땅이 아니라는 초월적 믿음이 장차 이어질 하나님의 구원사와 결합하여 이런 유언으로 표출되었던 것이다.

꿈꾸는 유치한 아이로 자기 자랑에 빠져 살던 유년기, 자신은 뭔가 남들과 달리 화려하게 뻗어 나가리라는 환상에 도취하여 황홀감에 젖던 청소년기, 열정적으로 분투하고 모험하면서 성공의 목표를 향해 전력투구로 내지르던 열정의 청년기. 이런 자기 현시욕조차 없는 어린아이와 젊은이는 얼마나 쓸쓸할 것인가. 그러나 그 모든 화려한 꽃들의 세월이 숙진 뒤에 찾아오는 성장과 성숙의 열매를 맛보는 것이 그리 쉬운 과제는 아니다. 고난과 역경에 치여 스러지는 생명도 많고, 아픈 만큼 망가지는 영혼도 적지 않다. 그러나 누구는 그 모든 관문을 슬기롭게 통과하고 불굴의 용기로 고난과 고통의 현실을 치받으며 기필코 성장이란 여정을 완주하고 성숙이란 목표에 도달한다. 역사를 멀리 내다보는 안목과 구원사를 깊이 통찰하는 영감과 함께! 바로 요셉같이 말이다.

4

모세

이스라엘 민족의 해방자

정신분석학의 개척자 프로이트는 모세를 실제 혈통상 히브리인 계보의 인물이 아니라 이집트 왕자 출신으로 보았다. 구약성서가 강조하는 이스라엘 족속의 혈통임을 애써 외면한 것이다. 모세와 유일신 신앙 관련해 프로이트가 쓴 논문에 영감을 받은 일본 출신의 걸출한 인문학자 가라타니 고진은, 모세가 이스라엘 백성을 이집트에서 이끌어 내어 광야에서 펼친 야웨 종교의 신정 통치를 '교통 공간'이라는 특별한 개념으로 조명하며 의미를 부여했다. 모세와 출애굽 백성이 40년간 유랑한 광야의 공간은, 야웨 신앙이 제도화된 종교로 고착되기 이전 원시적 단계에서 안과 밖의 구별이 없이 이질적인 요소들이 서로 만나 소통하고 거래하고 교섭하는, 사방으로 열린 소통의 현장이었다는 주장이다. 그러나 구약성서의 제반 자료들을 종합하여 모세의 역사적 위상을 공정하게 평가하자면, 그는 이른바 정통 유대교의 최초 창설자인 동시에 이스라엘 민족의 구심점을 제공하고 야웨 신앙에 입각하여 뚜렷한 정체성을 부여한 최고의 민족 지도자였다.

히브리 족속 출신의 이집트 왕자

출애굽기의 탄생 서사에 의하면 모세는 야곱의 일가가 요셉의 후광 아래 애굽에 체류하며 살던 히브리 족속의 후예로, 레위 지파 가문에서 태어났다. 그때는 애굽의 권력 지형이 바뀌면서, 요셉의 세대가 지난 뒤 히브리 족속의 과도한 번성에 위협을 느낀 후임 왕이 그들을 노예처럼 부리면서 학대와 핍박을 일삼던 억압의 시기였다. 히브리인들의 왕성한 출산과 인구 증식을 제어하기 위해 남자아이가 태어나면 죽이라는 폭압적 명령에 저항하여 아이를 갈대 상자에 담아 나일강에 띄워 보낸 게 이집트 공주의 눈에 띄어 물에서 '건져 냈다'는 것으로 모세라는 이름에 담긴 기원론적 배경이 설명된다. 이후 그는 자기 동족들의 싸움판에 끼어들어 사고를 친 일로 갑자기 애굽 왕자의 신분을 포기하고 미디안 광야로 잠적하여 40년간 연단의 세월을 보낸 것으로 기록된다. 애굽 왕자 신분이라면 히브리 노예 한 명 때려죽였다고 해서 그리 대단한 허물이 될 것 없었을 텐데, 이러한 갑작스러운 탈주 이면에는 당시 정치적 지형 가운데 모세의 어떤 인간적 고뇌가 작용하지 않았을까 추리된다.

그 고뇌의 요체인즉, 자신이 히브리 족속 출신의 이집트 왕자라는 혼종적 정체성과 그 자의식 가운데 필연적으로 생길 수밖에 없는 감정적 부조화였다. 그는 향후 왕위 계승을 둘러싼 권력 투쟁의 소용돌이를 충분히 예감하면서 자신에게 닥칠 위태로운 정치적 곤경을 돌파할 묘수가 필요했다. 그가 이집트 왕실에서 왕자의 신분을 유지하며 계속해서 생존을 이어 간다 할지라도, 자신의 동족에게 민족을 배반한 변절자요 조상과의 언약을 훼손한 반역자라는 오명을 뒤집어쓰고 평생을 살아야 하는 심리적 부담이 그에게는 만만치 않았을 것이다. 결국 이렇게 해도 괴롭고 저렇게 해도 불편한 처지에서 모세는 동족의 싸움판에 끼어들어 사고 친 것을 도리어 탈주의 계기로 삼아, 애굽의 왕실과도 상관없고 동족으로 인한 심리적 억압에서도 자유로운 제3의 해방 공간으로 미디안 광야를 택한 것이 아니었을까.

사적 개인에서 공적 사명자로

이후 모세는 40년간 양 떼를 치는 유목민으로 지낸 뒤 그의 생애 가운데 또 한 차례 극적인 전환점을 맞게 된다. 그가 불꽃이 일렁이는 가시떨기나무 덤불에서 야웨 하나님의 현현(theophany)을 경험한 것이 결정적 순간이었다. 모세의 이 소명 이야기는 이스라엘 민족의 기원 형성에 어떻게 영웅적인 한 개인이 개입했는지를 보여 줄 뿐 아니라, 사적인 개인이 어떻게 공적인 사명자로 변신하게 되는지 그 극적인 전환에 담긴 인간적인 고뇌의 단면을 투사한다. 실제로 출애굽기의 서막을 여는 이 이야기 속에서 모세는 여러 차례 야웨 하나님의 부르심을 완곡히 거부하는 몸짓으로 뒤로 빼며 주저하는 모습을 보여 준다. 그러나 마침내 그는 자기 동족 히브리인을 향한 연민과 열정에 사로잡혀, 인간적 망설임을 떨쳐 버리고 민족 해방자로서의 막중한 사명을 온몸으로 떠맡는 치열한 결단을 내리게 된다. 그것은 아내를 얻어 자식을 낳고 가정을 이루어 사는 평온한 일상이라는 사익을 접고 거친 황야로 자신의 삶을 내몰면서 공익적 삶에 헌신해야 하는, 만만찮은 공생애의 출발점이었다. 그는 그렇게 지팡이 하나 들고 길을 나서서, 권력의 힘을 믿고 분기탱천한 애굽의 바로 세력과 대결하여 담판을 지어야 했다. 동시에 그는 자신의 미심쩍은 과거 행적으로 인해 쉽게 곁을 내주지 않았을 히브리 동족을 설득하면서 생활환경으로는 그리 유리하지 않은 광야로 동족을 불러내어 무려 40년의 모진 유랑 생활을 이끌어야 했다. 매우 버겁고 고달픈 출애굽 백성의 광야 방랑기가 그의 영도 하에 그렇게 돛을 달고 출범하게 된 것이다.

광야 방랑 또는 체류 기간 내의 공생애를 통틀어 모세가 이스라엘 공동체의 확립에 기여한 몇 가지는 특기할 만하다. 첫째, 그는 시내산 일대에 야웨 하나님 한 분을 섬기는 신정 통치 체제를 구축하여 이스라엘 민족이 그 신의 언약 백성으로 지켜야 할 공동체의 기본 규범을 확립한 공이 있다. 십계명으로 압축되는 그 율법 반포의 매개자로서 모세는, 이후로 이 민족이 부족 연합체이든 왕정 통치 국가이든, 지속적으로 공동체의 나아갈 방향을 제시하고 내부적 삶의 구심점을 세워 가는 데 필요한 표준 법규를 제시함으로써 이스라엘 민족 형성 과정과 정체성 확립에 결정적으로 이바지했다. 둘째, 레위 지파 출신인 모세는 성막을 종교적 구심점 삼아 이스라엘 백성을 제의 공동체의 구성원으로 결속하여 하나님과의 수직적 관계에서 거룩한 백성으로 구별하는 제의적 성결 법규를 제정했다. 나아가 그 제의 법규가 이웃과의 관계에서는 윤리적인 고결함을 강조하는 '이웃 사랑'의 법규와 맞물리게 함으로써 이스라엘 민족에게 공정한 공동체적 삶의 가치 기준을 확립한 공로 또한 모세에게로 귀착된다. 이 모든 공생애 사역 가운데 모세는 아론과 더불어 제의적 리더로서 활약했을 뿐 아니라 공동체의 여러 갈등과 분란을 조정하는 정치 지도자로서, 동시에 율법을 반포하고 적용하여 재판하는 사법적인 판관의 역할까지 겸한 신정 통치의 최고 권위를 행사했다. 이와 같은 전천후 예언자로서의 위상은 이스라엘 역사에서 전무후무한 것이었다.

전무후무한 탁월한 설득의 리더십

물론 그 과정에서 고충도 없지 않았다. 모든 권위의 최종 귀결점이 모세 1인이다 보니 임무 수행에 과부하가 걸렸다. 모세는 이러한 부담을 덜기 위해 장인 이드로의 조언을 수용하여 다양한 중간 그룹과 소그룹 내에서 문제를 처결하는 오십부장, 백부장, 천부장 등의 중간 리더를 세움으로써 보다 효율적인 업무 분담을 하도록 공동체의 삶을 체계화하기도 했다. 더 심각한 공동체의 위기 상황은 식량 문제, 외부 적대 세력과의 대결 문제 등 공동체의 생존을 위협하는 끊임없는 결핍과 분쟁의 현실로 드러났다. 그 가운데 그 모든 문제로 인한 기대와 원망이 모세 1인의 리더십으로 쏠려 그는 사사건건 문제의 해결사로 나서야 하는 고충이 매우 컸다. 그때마다 하나님은 그를 백성과 자신 사이에 중보자로 활용하여 최선의 방향으로 문제를 풀어 나가지만 그 최종 결과가 늘 아름다운 것은 아니었다. 어떤 경우는 모세의 1인 독주 리더십에 반항하는 일부 세력이 반역을 일으켜 비극적인 최후를 맞기도 했고, 또 다른 경우에는 생사의 기로에 선 다급한 위기 상황에서 모세를 통해 전달된 하나님의 명령을 거부하여 많은 백성이 멸절당하는 아픔을 겪기도 했다.

모세의 탁월한 리더십을 증명하는 대표적인 한 가지 사례는, 백성들이 모세의 한시적 부재로 인한 불안과 두려움을 달래고자 아론을 부추겨 금송아지 우상을 신으로 섬기는 잘못을 저질렀을 때 있었던 일이다. 모세가 이 사태를 수습하는 과정에서 보인 지혜와 태도는 매우 비범한 그의 리더십을 잘 보여 준다(출 32:1-14). 하나님은 십계명을 반포한 뒤 얼마 되지 않아 제2계명을 위반한 이스라엘 백성에게 진노를 폭발하여 그들을 "목이 뻣뻣한 백성"으로 규정하며 다 진멸하리라고 선포한다. 나아가 하나님은 그 패역한 백성을 다 진멸한 뒤 모세의 가문을 통해 새로운 민족을 일으키리라는 달콤한 대안도 제시한다. 그러나 모세는 그 달콤한 대안을 못 들은 척하면서 그렇게 진노하는 하나님을 설득하기 위해 대담하게도 심판의 기세를 가로막아 선다. 먼저 하나님의 진노가 타당하지 않다는 어투로 모세는 "여호와여, 어찌하여 그 큰 권능과 강한 손으로 애굽 땅에서 인도하여 내신 주의 백성에게 진노하시나이까"(출 32:11)라고 반문한다. 반문의 이유는 하나님이 그 백성을 진멸해 버리면 애굽 사람들이 야웨라는 신이 자기 백성을 산에서 죽이고 지면에서 진멸하려는 악한 의도로 인도해 냈다고 멸시를 당하지 않겠느냐는 것이었다. 한 사건으로 인한 맹렬한 분노로 전체 구원사를 그르치게 되면 자가당착이 될 수 있다는 지극히 논리적인 설득이었다. 연이어 모세는 아브라함과 이삭과 야곱 등의 선조와 예전에 맺은 언약을 하나님께 상기시켜 드리면서 그 백성을 진멸하면 그 후손이 하늘의 별처럼 많게 번성하고 허락한 땅을 그 자손에게 영원한 기업으로 주리라 하신 약속이 불발되지 않겠느냐는 논리로 또 다른 정서적 설득을 시도한다.

　설득의 초점은 하나님이 그 진노를 돌이켜야 하고 백성의 연약함으로 인한 한 가지 실수 때문에 그들을 진멸해서는 안 된다는 것이었다. 이처럼 하나님이 작심하고 백성의 패역함을 심판하려고 선언한 마당에 그 맹렬한 진노를 누그러뜨리도록 그리고 차분하게 그 결정을 재고하도록 설득한 인물은 구약성서에 모세 외에 전무후무하다. 소돔성의 심판을 면하게 하려고 하나님과 거래를 시도한 아브라함이 있으나 그 거래는 결국 실패했고 심판은 애당초 하나님의 뜻대로 가차 없이 실현되었다. 그러나 모세의 이러한 설득은 성공으로 종결된다. 그의 그 대담한 하나님 설득도 놀랍지만, 그의 그런 말에 설득되어 애당초 자신의 진노를 누그러뜨리고 진멸의 결단을 돌이킨 하나님의 '쿨한' 반전은 더욱 더 놀랍다. 그 전복적인 결론은 어쩌면, 모세가 자기 동족을 구하고 지키기 위해 감히 목숨을 걸고 당신의 앞길을 가로막은 담대한 용기와 믿음에 하나님도 감동되었기 때문이 아니었을까.

불멸하는 지도자로 우뚝 선 인물

그토록 그 동족 이스라엘을 사랑했던 모세였지만 그는 약속의 땅 입구에서 멀리 그 땅을 바라보기만 하고 아쉽게도 자기의 공생애를 접게 된다. 그의 사명은 광야의 1세대 출애굽 백성과 동고동락하면서 모진 고난과 역경 가운데 백성과 함께 연단 받는 과정에 국한되어 있었기 때문이다. 모세는 마지막에 모압 땅 느보산에 올라가 여리고 맞은편 비스가산 꼭대기에서 멀리 길르앗에서 단까지 조망한 뒤에 거기서 죽었다. 그 주변 어느 곳에 그가 장사되었을 테지만 그 무덤이 후대에 알려지지 않은 것은 모세가 워낙 위대한 인물인 터라 훗날 그의 무덤을 후세대 백성이 우상화하여 그의 공생애 교훈보다 특정한 장소를 더 기념하는 오류를 저지르지 않도록 하기 위한 의도적인 배려의 결과였을지 모른다. 그가 인간적인 생기가 다하여 죽은 것이 아니라 하나님의 부르심으로 이 세상을 떠난 것이라는 점을 표나게 강조하기 위해 신명기 저자는 그가 120세에 죽을 때도 "그의 눈이 흐리지 아니하였고 기력이 쇠하지 아니하였"(신 34:7)다고 언급한다.

이처럼 모세는 그 이름자 그대로 자신이 물에서 구원받은 생명을 공생애의 잉여적 선물로 받아들여, 자기 동족과 함께 모진 고난을 함께 나누며 광야의 거친 세월을 구원의 길로 인도한 해방자였고 신정 통치의 기반을 닦은 율례 반포자였다. 그러나 그는 그 이름이나 무덤이 자리한 장소가 아니라 그 스스로 구체적인 삶으로 행한 확연한 공로로 후세에 불멸하는 지도자로 우뚝 섰다. 후손들은 그가 전한 율법을 편협하게 해석하여 유대인 선민주의라는 또 다른 우상을 만들었으나, 그는 누가 뭐래도 한 민족과 국가의 구심점을 제공하여 공동체의 기틀을 세움으로써 이스라엘의 고대와 근현대를 있게 한 이스라엘 민족사의 가장 위대한 영웅이었음이 분명하다.

5

기드온

신중한 지략의 전사

사사기가 기드온에게 할애하는 지면은 다른 사사들에 비해 많은 편이다. 그만큼 그에 대한 관심과 역사적 평가의 몫이 크다는 방증이다. 그는 사사로서 판관의 임무를 수행하며 재판을 수행한 기록이 없다. 또한 다른 사사의 예처럼 이스라엘을 구원했다는 평가도 부재한다. 그가 영웅적 인물로 평가받을 만큼 후세에 남긴 중요한 공헌은 지도자 없이 각기 자기 좋은 대로 행하던 정치적·종교적 혼돈의 시기에 이스라엘의 여러 지파를 규합하여 당시의 주적이 었던 미디안 족속의 침략과 약탈을 물리쳤다는 것이다. 이를 위해 그는 군사적 무력을 조직하고 적시에 동원함으로써 그들과의 전투에서도 크게 승리했는데 그 가운데 그가 발휘한 신중한 지략과 외세의 침략에 맞서 생존권을 지켜낸 점이 높은 평가를 받게 된 것이다. 동시에 그는 여타의 사사들과 달리 중대사를 치르기에 앞서 먼저 야웨 하나님의 신탁을 구하고 다양한 주술적인 표징을 선호한 점에서도 예외적인 캐릭터로 조명된다.

생존을 위협하는 외부 세력과 내부의 타락

그가 활약하던 시기는 주전 12세기 중반경, 철기 시대 1기에 해당한다. 그는 므낫세 지파에 소속된 한미한 가문인 요아스의 아들로 기록되었을 뿐 출생이나 성장 과정에 대한 기록은 전무하다. 당시 미디안 족속이 요단강을 건너 이스라엘 평원으로 쳐들어와 해안까지 휩쓸면서 가축과 양식을 송두리째 노략질함으로써 이스라엘 족속의 생존권을 위협하던 상황이었다. 여기에 아말렉 족속과 다른 동방 지역 유목민들의 침략까지 겹쳐, 견고한 성채의 방어벽을 구축하지 못한 이스라엘은 높은 산지로 도피하거나 동굴에 숨어 지내는 등 무방비 상황에 처해 있었다. 침략자들의 잔혹한 약탈 행위는 "메뚜기 떼 같이"(삿 6:5)라 묘사될 정도로 심각했고, 이스르엘 골짜기의 곡창 지대에 살던 농부들은 비용이 많이 소요되는 군대 양성을 거부한 나머지 침략을 당할 때마다 농토를 버리고 도망치는 행태를 반복해야 했다.

기드온 시대에 이스라엘을 노략질하던 미디안 족속이 모세 시대에 등장한 미디안 족속의 후손인지에 대해서는 논란의 여지가 있다. 낙타를 가축으로 기르던 시기가 주전 1200년 이후의 상황으로 고고학적 발굴 결과 확인되므로 미디안 족속이 낙타를 운송 수단으로 이용하여 속도전을 펼친 점은 대체로 수긍된다. 그러나 모세 당시의 미디안 족속이 이스라엘 남쪽 지역에 거주했던 데 비해, 기드온 당시 미디안 족속은 아나톨리아 동쪽에서 장거리 이동하여 이스라엘 북쪽의 곡창 지대를 약탈하고 가자의 해안 지역까지 노략질을 확대하던 실정이었다. 특히 요르단 서안 지구와 구릉지대에 요새나 성채 없이 계단식 농경과 목축업으로 생활하던 므낫세와 에브라임 족속의 피해가 극심했다. 사사기 6장 2-6절의 기록은, 미디안의 침략으로 비옥한 이스르엘 골짜기 일대의 평지 거주자들까지 약탈의 공포에 시달리던 현실을 반영하고 있다.

이러한 위기 상황에서 사사로 부름 받은 기드온은 이

스르엘 골짜기의 중앙 오브라라는 마을에 살며 농사짓고 있었다. 그의 가정이 딱히 경건한 야웨 신앙을 지녔던 것 같지는 않다. 오히려 그 반대로 그의 아비 요아스는 신성한 나무를 숭상하고 제의 성소의 소유주로서 실질적인 바알과 아세라 종교의 후견인 역할을 했던 것 같다. 게다가 이 마을 주민들은 "아모리 사람의 땅의 신들"(삿 6:10)까지 수용하여 이스라엘의 종교적 순결성을 저해하고 야웨 신앙을 통한 동족의 단합에 균열을 초래했다. 그들은 이스르엘 평지의 비옥한 토지에서 생산된 풍성한 수확을 지속시켜 줄 번영의 신이 필요했고 바알과 아세라 종교는 그러한 그들의 필요에 적절하게 부합했을 것이다. 이런 종교적 혼합주의의 시대적 배경 속에서 하나님은 그런 결핍과 타락상을 잘 알면서도 이스라엘 백성의 부르짖음에 응답하는 신실한 분으로 묘사된다.

대범하면서도 소심한 지략가

기드온이 밀 타작마당에서 야웨 하나님의 사자를 만나 영접하는 대목은 아브라함의 선례(창 18장)를 연상시키고, 자신의 부르심에 대한 여러 유보적 조건에도 불구하고 하나님이 그와 함께하시리라는 확신은 모세의 선례(출 3장)를 반향하는 문학적 모티프다. 기드온이 유달랐던 점은 모세 이상으로 자신이 해야 할 사명에 대해 회의적 입장을 견지하면서도 치밀하게 검증하며 표징을 구했다는 것이다. 그는 자신의 부르심에 대한 확신을 위해 바위에서 불이 나와 무교병과 염소 고기를 살라 버리는 표징을 구해 검증했고, 전투에 임하기 직전에는 아셀과 스불론과 납달리 지파에서 모집한 군사들을 동원하여 승산이 있을지 검증하기 위해 양털에 이슬이 내리거나 내리지 않는 방식을 기준으로 하나님의 함께하심 여부를 시험했다. 그는 이미 하나님의 부르심을 확신하여 자기 가문의 우상을 혁파하고 대대적인 종교 개혁을 실행했으나, 다른 한편으로는 동네 사람들의 위협이 두려워 이 일을 대낮을 피해 밤에 몰래 행할 정도로 소심하면서도 신중한 지략가였다.

    그가 처음 모은 군대는 총 3만2천 명이었으나 다시 1만 명으로 그 수를 줄였다. 또 거기서 대폭 축소하여 3백 명의 용사를 선발하는데 그 과정에도 하나님의 기준을 적용했다. 물가에서 물을 손으로 움켜 핥아 마시는 자들과 무릎을 꿇고 마시는 자들을 구별하여 전자의 사람들을 선발한 결과 3백 명으로 간추렸던 것이다. 상식적인 기준으로 보면 물을 핥아 마시는 자들보다 무릎 꿇고 물을 마시며 사방을 경계하는 사람들이 더 신중한 자세를 보인 격이므로 택함을 받을 만했다. 그런데도 반대로 선발 기준을 제시한 것은 그들의 전투 승리가 자력으로 이룬 것인 양 착각하지 않고 온전히 하나님의 권능 가운데 가능했음을 보여 주기 위한 역발상이었을 것이다.

　기드온이 미디안 대군과의 전투에서 승리한 전술은 이른바 교란 작전을 펼쳐 자중지란을 유도하는 방식이었다. 항아리와 나팔, 횃불을 준비하여 항아리를 깨트림으로써 적들을 놀라게 한 뒤 나팔을 불어 적들을 요동케 했으며 횃불을 흔들어 황망하게 진영을 흩트려 자기들끼리 치고받고 다투다가 자멸하도록 유도했다. 기드온은 자중지란 가운데 도망치던 적들을 추격하여 그들의 우두머리 왕을 공개 처형함으로써 재침략의 불씨를 남기지 않는 집요한 근성을 발휘했다. 또한 적군을 추격하는 도중 비협조적인 처신을 한 숙곳과 브누엘 사람들을 철저하게 응징함으로써 아군과 적군을 구별하여 보응했다.

용사이나 욕망을 버리지 못했던 인물

　기드온이란 이름의 의미는 '난도질하는 사람'이다. 도끼로 무엇이든 닥치는 대로 찍어 버리고 진멸하는 사람이란 뜻이다. 그의 또 다른 이름은 여룹바알이다. 그가 자기 가문의 바알과 아세라 우상을 없애 버려 마을 사람들의 살해 협박을 받을 때 덧붙여진 이름이다. 그의 아비 요아스가 생명의 위협을 받는 아들을 보호하기 위해 바알이 진짜 신이면 아들의 그 행태에 대해 '바알로 하여금 다투게[기소하게] 하라'는 말로 위기를 모면했는데 그때 그 맥락에서 붙여진 이름이다(삿 6:31-32). 그는 난도질하는 사람답게 자기 동족의 생존권을 위협하고 힘들게 얻은 소출을 약탈해 가던 적들을 가차 없이 응징했고 이 전투에 협조하지 않은 이웃 나라 사람들까지 철저하게 보복했다. 그의 소심한 신중함 또는 신중한 소심함에 따른 각종 표징과, 그런 그의 요구에 반영된 그의 치밀한 전투 준비 및 세심한 지략은 결국 이스라엘 부족 연맹체의 공동체적 안위를 40년간 지탱하는 장점으로 발현되었다. 그러나 여룹바알이란 이름에 담긴 종교적 혼합주의의 혐의는 당시 기드온 가문을 비롯해 이스라엘 백성들 대다수가 번영을 구가하는 바알과 아세라 종교의 유혹을 철저하게 떨쳐 버리지 못한 채 엉거주춤 타협했으리라는 의혹을 남긴다.

공성이불거(功成而不居)라는 성현의 교훈대로, 기드온은 자기 동족의 안위를 지키기 위해 전투를 승리로 이끌어 큰 공을 세웠으나 그 대가로 왕이 되어 달라는 백성들의 요청을 뿌리쳤다. 하나님이 진정한 왕이라는 신앙고백과 함께 그는 농사꾼으로 되돌아가길 원했다. 그러나 그는 자신의 인정 욕구를 끝까지 제어하지 못한 한계도 노출했다.

자신의 공로에 대해 보상으로 전투에서 얻은 노획품 중 금 귀고리를 달라고 해서 1,700세겔의 금덩어리로 종교적인 권위의 상징체인 에봇을 만들어 자기 마을 오브라에 두었던 것이다. 그것은 어찌 보면 조상들이 시내 광야에서 만들어 섬긴 금송아지 우상의 변종으로 그 화려한 외양에 미혹된 이스라엘 백성이 그것을 음란하게 섬기는 또 다른 우상숭배의 단서를 제공했다. 일찍이 하나님의 사자를 처음 대면하면서 의존했던 신탁의 징표가 금으로 만든 대형 에봇으로 귀착되어 또 다른 종교적 우상으로 세워진 것이다.

그는 애당초 소박하게 농부로 은퇴하려던 초발심을 끝까지 유지하지 못했음인지 다양한 처첩들을 아내로 맞이하여 70명의 아들을 두었다. 그 가운데 세겜의 첩을 통해 낳은 아들 아비멜렉은 그의 사후 끔찍한 형제 살해를 벌여 가족사의 비극을 초래한 장본인이 되었다. 아비멜렉이란 아들의 이름은 '내 아버지는 왕'이란 뜻이다. 이 이름에 암시된 의미는 아버지 기드온의 내밀한 욕망을 반영하는 듯하다. 겉으로는 겸양지심을 내세워 왕으로 추대되길 거절했으나 속으로는 왕의 권력에 대한 갈망을 깔끔히 지우지 못한 채 은근히 왕 노릇하고 싶어 했던 그 이중적인 처신 말이다. 이는 야웨 하나님의 공적인 소명에 응답하여 공동체의 안위를 지키기 위해 싸웠지만 다른 한편으로 자신의 산업이 두루 번성하여 큰 재산을 쌓기를 바라는 심사로 바알과 아세라 종교의 번영 신앙을 온전히 떨구어 버리지 못한 양면적인 욕망의 연장선상에서 일관된 이중성이라 할 수 있겠다.

6

여성 영웅 드보라와 야엘

꿀벌과 산악염소의 양동 작전

구약성서에서 여성 영웅은 매우 희소한데 그 가운데 단연 돋보이는 인물이 있다면 드보라다. 그녀의 출신 배경과 이스라엘 사사로 등극하기까지 자세한 연보와 활동 이력은 찾아볼 길이 없다. 다만 그녀는 이스라엘 백성이 야웨 하나님의 목전에서 악을 행하여 하나님의 진노를 사게 되자 에훗과 삼갈 이후 또다시 리더십이 부재한 상태에서 혜성과 같이 등장하여 그 백성을 멸절의 위기에서 건져 냈다.

그 위기 상황은 가나안 왕 야빈의 900대 철병거라는 위협적인 군사력으로 인한 정치·경제적 식민화 현실에서 비롯되었다. 더구나 철병거를 지휘하는 군대장관은 므깃도 우물 근처 하로셋 학고임에 군대 막사를 두고 거주하는 시스라라는 무시무시한 사람이었다. 그는 그 이름자의 흔적으로 미루어 셈족이 아니라 바다 건너 들어와 정착한 해양 민족의 후손이었을 것으로 보인다.

드보라와 야엘, 꿀벌과 염소의 활약

구약성서의 사사 시대에 사사의 주요 역할 중 하나는 백성들의 억울한 하소연을 성문 앞에서 경청하여 그들의 청원을 판결해 주는 일이었다. 그래서 사사를 달리 번역하여 판관이라 칭하기도 한다. 이러한 본연의 임무에 충실한 사사가 바로 드보라는 여성 사사였다. 그는 야빈과 시스라의 정치·군사적 핍박이 극심하던 때에 베델 근처 '드보라의 종려나무'로 불리는 곳에 자리를 깔고 신탁을 받아 백성들의 민원을 듣고 자문하는 역할을 수행하고 있었다. 그녀가 '랍비돗의 아내'(삿 4:4)라고 사사기에서 소개되는 것으로 미루어 보건대, 신화 속 아마존 여전사의 이미지와 달리 한 남편의 아내로서 지혜와 총명이 특출하여 하나님의 영감 어린 신탁을 받아 공동체의 이익을 도모하는 사역에 충실했던 것 같다. 그녀의 이름에 담긴 '꿀벌'이란 의미 역시 바지런하고 싹싹한 동선을 만들면서 가정 살림을 챙기듯 공동체의 복잡다단한 살림을 슬기롭게 갈무리하는 이미지를 연상시킨다.

    그러나 결정적인 순간, 시스라의 침략에 직면한 이스라엘 백성의 자문에 응하여 드보라는 전쟁과 관련하여 예언해야 하는 불가피한 숙명을 떠맡아야 했다. 그녀가 가나안 세력과 정면 대결하기 위해 하나님의 도움을 따라 선택한 지략은, 아비노암의 아들 바락을 호출하여 이스라엘 군대의 지휘를 맡기는 것이었다. 마침내 호출에 응답한 바락은 납달리 지파 땅 게데스에서 병사를 모집하고 스불론과 납달리 지파의 징집 병사를 합세하여 군대를 1만 명 정도를 모집한 뒤 다볼산에 올라 진을 쳤다. 그러나 그는 적의 압도적인 무력에 압도된 나머지 시스라의 군대와 정면 대결을 펼칠 엄두가 나지 않았다. 애당초 드보라의 호출을 받았을 때 '마마보이'마냥 그녀가 함께 가지 않으면 전쟁터에 갈 수 없다고 두려워하며 뒤로 뺀 바락이었으니 그의 이름에 담긴 '번개'라는 의미가 무색할 지경이다. 이에 대한 드보라의 조롱 어린 예언은 냉엄했다. 이 전쟁에서 아군이 승리하겠지만 그 영광은 바락이 취하지 못하리라는 논조의 예언이었다.

하나님의 도우심은 드보라의 편이었다. 시스라의 병거가 다볼산 서쪽 기손강의 홍수로 진흙탕에 빠져 무용지물이 되자 당황한 시스라와 그의 군대는 도주하기 시작했고 이를 바락이 추격하자 적군은 칼날에 쓰러지며 혼비백산하는 상황으로 내몰렸다. 쫓기던 시스라가 목숨을 구하기 위해 찾은 곳은 겐 사람 헤벨의 아내 야엘의 장막이었다. 그곳으로 숨어들게 된 연유에 대해 사사기의 기록은 하솔 왕 야빈과 겐 사람 헤벨의 가문 사이 어떤 내력인지 모종의 화평한 관계가 성립되어 있었기 때문이라고 설명한다. 그것이 도주에 지친 시스라 사령관을 방심하게 했는지, 그는 물을 달라는 부탁에 우유를 준 여주인의 환대에 안심하고 지친 몸을 눕히자마자 깊은 잠에 곯아떨어졌다. 이를 절호의 기회로 여긴 야엘은 장막 말뚝을 가지고 와서 그의 머리 관자놀이에 당차게 박아 그를 단번에 죽여 버렸다.

이러한 대담한 일을 남편 헤벨이 아닌 그의 아내 야엘이 했다는 게 특이하다. 그녀의 이름에 담긴 '산악염소'라는 의미 그대로, 그녀는 야생에 길들여진 천연 감각으로 신속하고 명민한 판단을 내렸고, 그 긴장 어린 선택의 순간에 어떤 일을 어떻게 추진해야 할지 서슴없이 결단했다. 이 전쟁은 이스라엘의 완전한 승리로 종결되었다. 선지자이자 사사요 군사 작전의 모사로 활약한 '꿀벌' 영웅 드보라의 명민한 판단력과 자문으로 인해 가나안 군대는 스스로 무덤을 팠고, 바락이 승기를 잡아 적군을 추적했으나 결정적인 피날레는 그 우두머리 시스라의 관자놀이에 말뚝을 박아 찍소리 못하게 절명시킨 '염소' 영웅 야엘의 영광으로 돌아갔다.

두 여인이 전쟁의 시작과 끝에서 소심한 군대 지휘관 바락의 허방을 충분히 메우면서 민족을 억압의 도탄에서 구해 낸 이 사건은 이스라엘 역사에서 극적인 기록을 남기며 면면히 전승되어 간 것으로 보인다. 실제로 주전 12세기 중반 이후 므깃도와 다아낙(타나크) 주변의 고고학적 발굴 결과 이 전쟁의 흔적이 어느 정도 탐지되어 당시 치열했던 전투의 소용돌이를 감지케 한다. 그 흔적 어느 틈바구니에 여성 영웅 드보라의 민첩한 리더십과 야엘이 보여 준 용맹스러운 행동의 잔상도 명멸할 것이다.

공동체를 구한 여성 리더십

이스라엘 역사에서 사사 드보라와 야엘이 보여 준 이 극적인 승리의 영광은 산문체로 기록된 4장 직후 5장의 시적인 운문 형식으로 덧붙여져 전해졌다. 구약성서학자들의 대체적인 견해에 따르면, 이 운문 자료는 출애굽기 15장 '모세의 노래'와 함께 구약성서에서 가장 오래된 역사적 전승으로 알려져 있다. 한글 개역개정본에는 5장 1절의 기록에 의거하여 이를 '드보라와 바락의 노래'라고 제목을 붙였지만 엄밀하게 따져 보면 '드보라와 야엘의 노래'라고 하는 편이 더 적절할지 모른다. 이 노래는 이 전쟁의 모든 현상이 "여호와의 공의로우신 일"(삿 5:11)로 말미암은 것임을 천명한다. 그리하여 하나님의 도움이 섭리 가운데 역사한 결과가 이 전쟁을 승리로 이끈 핵심 동력임을 인정하고 찬미의 노래를 부른다.

드보라의 여성 리더십에 얽힌 구절은 당시 얼마나 이스라엘 공동체의 상태가 허약했는지 이와 같이 묘사한다. "이스라엘에는 마을 사람들이 그쳤으니 나 드보라가 일어나 이스라엘의 어머니가 되기까지 그쳤도다"(삿 5:7). 아낫의 아들 삼갈이라는 사사가 활약한 뒤로 공동체의 리더십 부재 상태가 지속되었고, 드보라가 일어나 공동체의 위기 상황을 타파함으로써 비로소 이스라엘 지파 연맹체의 중심이 잡혔다는 뜻이다. 또한 먼저 민족의 현실을 깨달아 각성한 선각자가 되어 백성들의 무기력한 상태를 각성시킨 드보라의 영적 리더십에 대하여 이와 같이 노래한다. "깰지어다, 깰지어다, 드보라여. 깰지어다, 깰지어다. 너는 노래할지어다"(삿 5:12). 얼마나 절박한 상황이었으면 이렇게 네 번이나 깨어날 것을 촉구했겠는가. 그 여성 영웅의 깨어남은 곧 이스라엘 백성의 각성을 유도했고 마침내 승리를 거두어 하나님을 찬미하며 그 영광을 송축하기에 이른 것이다.

이 시편 기록에 가나안 왕 야빈의 이름은 보이지 않으나 시스라가 가나안의 여러 왕들 휘하의 군대를 지휘한 것으로 묘사된다. 한편 군대 지휘관 바락에 대해서는 "바락이여, 아비노암의 아들이여. 네가 사로잡은 자를 끌고 갈지어다"(삿 5:12)라고 묘사하여 그가 생포한 전쟁 포로들이 있었음을 암시한다.

그 밖에 이 노래에는 열두 지파 중 열 지파를 낱낱이 언급하면서 그들이 이 전쟁에 참여하여 거둔 성과를 칭송하고 그 기여도가 부실한 지파의 경우는 풍자 어린 논조로 자리매김한다. 그 지파 목록에서 빠진 두 지파 레위, 유다와 관련해서는 그 사유에 대해 추론만 무성할 뿐이다. 레위 지파는 할당받은 영토 없이 흩어져 있었기에 힘을 규합한다는 게 무의미했을 것이고, 유다 지파는 그 위치의 지리적인 장애로 인해 가나안 세력의 통제 권역에서 벗어나 적극적으로 참여하기가 불가능했으리라는 것이다. 그러나 이 전쟁의 승리로 인해 북쪽 갈릴리와 남쪽 유다 지역의 대상 무역 루트가 봉쇄되어 요르단에서 지중해 연안으로 나아가기 위해 이스르엘(Jezreel, Esdraelon) 평원으로 돌아가야 했던 상황이 개선되었으리라 짐작된다.

지혜롭고 용맹스러운 여성들

사사기 5장의 시편에서 드보라와 함께 가장 칭송을 받는 인물은 물론 야엘이다. 소 모는 막대기로 블레셋 사람 600명을 죽인 이전 사사 삼갈의 무력에 비견되는 그녀의 무용담은 앞부분에서 "야엘의 날에는 대로가 비었고 길의 행인들은 오솔길로 다녔도다"(삿 5:6)라고 예찬함으로써 그녀의 용맹스러운 활약에 뭇 사람들이 찬탄하는 장면을 연상시켜 준다. 나아가 24절에서는 "겐 사람 헤벨의 아내 야엘은 다른 여인들보다 복을 받을 것이니 장막에 있는 여인들보다 더욱 복을 받을 것이로다"(삿 5:2)라고 그녀를 축복한 연후에 그녀의 중요한 활약상을 자세하게 묘사함으로써 그 누구보다 더 영웅적인 찬사를 보낸다.

이가 없으면 잇몸으로 산다고 했던가. 연속적인 전쟁의 재앙 속에 남자들이 군대로 차출돼 전우의 시체 위에 시체를 쌓다 보면 그 역사적 고난의 여파로 소심해지고 무기력해지는 게 남자다. 권세를 잡으면 온갖 음모와 협잡 가운데 허구한 날 권력 다툼으로 공동체의 잠재력까지 소진해 버린 가부장적 리더들이 얼마나 많았던가. 그런 가뭄 가운데 단비 내리듯 우리 성서의 역사 속에는 드보라의 인물상이 현전한다. 야엘이란 이름의 생활인 여전사도 우뚝하다. 용렬한 남자들이 거드름 피우며 큰소리치는 중 점점 더 망조가 들어가는 이 세상의 한복판, 옛날이나 지금이나 드보라의 지혜와 야엘의 용맹이 갈급한 현실이다. 그 둘의 멋진 양동 작전으로 우리 공동체가 위기 국면에서 탈출구를 모색하고 마침내 승리의 영광을 가져올 날 언제일런가.

7

삼손

고독한 영웅의 비극

삼손은 태어나 자랄 때부터 특이한 환경을 감내해야 했다. 태어나기도 전에 그는 부모로부터 나실인으로 점지되었기 때문이다. 나실인은 태어나면서 하나님께 바쳐져 머리를 마음대로 깎을 수 없었고 포도주와 독주는 물론 율법에서 금하는 부정한 음식도 먹으면 안 되었다. 철저한 금욕주의 스타일의 이런 생애는 만민의 사표로 경건한 모범이 되어 오로지 하나님께 헌신하는 삶의 전형을 체현하는 사례라고 할 만하다. 아울러 어떤 인위적인 치장을 삼간 채 자연 그대로의 원시적 생명을, 하나님의 창조 원형대로 따르는 순종의 삶을 살고자 하는 헌신의 뜻을 그렇게 표현한 것이라고도 볼 수 있다. 그러나 그 생명이 태어나기도 전에 이후의 모든 삶을 특정한 규율에 저당 잡히는 이러한 습속이 신학적으로 얼마나 타당할까. 한번 되짚어 물어볼 만한 사안이다.

나실인으로 예정된 인생

삼손은 단 지파에 속한 마노아라는 자의 아들이었다. 그의 어미가 임신하지 못하는 딱한 불임의 상태에서 하나님의 특별한 은택을 입어 임신한 대가로, 그는 태어나기도 전에 나실인이라는 조건부 인생의 굴레를 뒤집어쓰게 되었다. 이미 어미부터 나실인의 탄생을 미리 예비하듯 포도주와 독주를 삼가고 부정한 음식을 금하는 등 나실인 임신을 준비하는 특별한 태반을 갖추도록 지시받은 상태였다.

이렇듯 특별한 탄생 설화와 함께 태어난 삼손은 야웨 하나님의 영에 사로잡혀 성장하면서 향후 사사로서의 공생애를 예비해 갔다. 먹고 마시며 살아가는 일상사가 여느 사람들과 구별되니 많은 시간을 부득불 세상과 격리된 환경에서 외롭게 지내야 했을 것이다. 어려서부터 고립된 채 성장해 온 사람들의 경우 대체로 그 울타리 바깥 세계에 대한 막연한 호기심과 동경의 정서가 특심해지는 법이다. 특히 이국적인 세계에 대한 갈망은 자기 해방의 열정과 결부되어 예기치 않은 일탈을 자초하는 충동적인 동기를 제공하기도 한다. 삼손의 경우가 이러하지 않았을까.

그가 2차 성징에 따른 신체적 변화 기간을 거치면서 그의 관심은 블레셋이라는 이웃 나라의 여인들에 초점이 맞추어졌다. 어느 날 그는 뜬금없이 마을에서 만난 블레셋 사람의 딸 딤나라는 여인과 혼인하겠다고 부모에게 폭탄선언을 했다. 동족의 여인들은 쳐다보지도 않고 할례 받지 않은 블레셋 족속의 이방 여인을 아내로 맞이하려는 아들의 입장을 그 부모는 당연히 동의할 수 없었다. 그러나 사사기의 저자는 삼손의 이 충동적인 결혼 선언이 향후 블레셋 족속을 치기 위한 하나님의 모략에 따른 기획이었다고 논평한다(삿 14:4).

괴력으로 실현하는 하나님의 모략

그를 통해 뭔가 일을 도모하시는 하나님의 모략이 표면에 드러난 이후 야웨 하나님의 영에 강력하게 사로잡힌 삼손은 특유의 괴력을 발휘하기 시작한다. 사자를 염소 새끼 찢어 죽이듯 제압하는가 하면, 그 사자 시신에 깃든 벌

떼와 꿀을 소재로 결혼 잔치에 참석한 마을 청년들에게 수수께끼를 내며 상금을 약속한 게 빌미가 되어 괴력으로 블레셋 족속을 파괴하는 행동을 본격적으로 실천하게 된다. 그의 첫 아내가 집요하게 캐물어 수수께끼의 비밀을 알아내 자기 동족에게 알려 준 것은, 앞으로 삼손이 또 다른 여인 들릴라와 엮여 전개될 비극을 암시하는 복선이라고 봐야 할 것이다. 그는 이 사건의 진상을 눈치채고는 또 다른 블레셋 마을 아스글론에 내려가 그곳 주민 삼십 명을 쳐 죽이고 노략질한 것으로 수수께끼를 푼 자들에게 약속한 선물을 줌으로써 블레셋의 것을 약탈하여 블레셋 사람에게 나눠 주는 이이제이(以夷制夷)의 전략을 구사한다. 이에 대해 블레셋 장인도 삼손의 이런 모략을 눈치챘는지, 그의 아내를 다른 남자에게 주었다면서 그녀의 동생을 아내로 맞이하라고 올가미를 놓는다.

    이것을 계약 위반으로 판단한 삼손은 즉각 여우 3백 마리를 붙잡아 꼬리를 서로 붙들어 매고 홰에 불을 붙여 그것들을 블레셋 사람들의 곡식밭으로 몰아들여 불태움으로써 식량 재원에 엄청난 해를 입힌다. 애꿎은 타격을 입은 밭의 소유주들은 사태의 진상을 파악한 뒤 그 사안의 원인을 제공한 삼손의 아내와 그 아버지를 붙잡아 불태워 죽이는 끔찍한 보복을 자행한다. 이렇게 얼떨결에 죽은 그들은 그럼에도 불구하고 여전히 삼손의 합법적인 장인이고 아내였기에, 이는 역으로 삼손이 그들을 보복할 명분을 제공한 셈이다. 이에 삼손은 즉각 그들의 정강이와 넓적다리를 쳐서 죽여 버림으로써 보복이 또 다른 보복을 낳는 연쇄 작용을 일으킨다. 이 모든 과정은 앞의 경우와 마찬가지로 블레셋 사람이 블레셋 사람을 죽이는 방식인데, 그 과정에 삼손이 촉매제로 개입하긴 했지만 애당초 발진한 하나님의 모략의 일환으로 파악된다.

개인적 대결에서 국가적 대결로

삼손 개인과 블레셋의 한 가족, 나아가 일개 마을 구성원 사이의 지엽적 갈등은 점차 유다 사람들과 블레셋 족속 전체 사이의 대결 국면으로 그 범위가 확산된다. 자기들 눈치를 보며 식민지 백성처럼 살던 유다 지역을 향해 블레셋 족속이 진을 치고 전쟁을 벌일 기세로 대들었기 때문이다. 그들은 자기들에게 막대한 피해를 준 삼손을 붙잡아 보복하기 위해 유다 족속 전체를 위협하며 실력 행사를 한 것이다. 유다 사람들 3천 명은 스스로 군대를 조직했으나 블레셋 족속의 노골적인 위협에 대항하기는커녕 삼손을 희생양으로 붙잡아 블레셋 사람들에게 던져 주어 공동체 멸절의 위기를 모면하려는 얄팍한 선택을 한다. 그들은 삼손에게 찾아와 이렇게 말한다. "너는 블레셋 사람이 우리를 다스리는 줄을 알지 못하느냐. 네가 어찌하여 우리에게 이같이 행하였느냐"(삿 15:11). 이 말의 뜻인즉, '유다 공동체는 이미 블레셋의 식민지로 전락해 아예 상대가 안 되는 주종 관계인데 네가 어찌 그들을 해코지하여 양 진영 간의 상황을 이렇게 험악하게 만들고 우리의 생존을 벼랑 끝으로 내몰고 있느냐'는 것이다.

삼손은 야웨 하나님의 영에 사로잡혀 그동안 자기 동족을 압제하고 괴롭혀 온 블레셋 사람들을 물리치며 동족을 대신하여 싸웠다. 그런데 동족 이스라엘은 그와 힘을 합쳐 독립을 이루고 민족적 자긍심을 세우려 하기보다 패배주의에 사로잡혀 있었다. 그 굴종적 현실과 싸워 보려, 이겨 보려 조금도 애쓰지 않은 채 자기들의 지도자를 호랑이 아가리에 집어넣으려고 한 것이니 참으로 어처구니없는 현실이었다. 이에 대한 삼손의 답변은 율법의 보복률에 의거하여 "그들이 내게 행한 대로 나도 그들에게 행하였노라"(삿 15:11)는 것이었다. 이 원칙을 내세워 삼손은 또다시 괴력을 발휘하여 나귀의 턱뼈를 무기 삼아 블레셋 사람 1천 명을 죽여 동족의 안위를 위협하는 적을 섬멸하다시피 했다.

고독한 영웅의 최후

블레셋 압제 치하에서 삼손은 이처럼 고독한 영웅으로 제 동족의 울타리를 지키며 혼자 싸웠고 혼자 독거했다. 그가 공식적으로 사사 직분을 수행하며 이스라엘의 공동체를 수호한 세월이 자그마치 20년이었다고 한다(삿 15:20). 그의 생존과 활동 연대를 역사 속에 비정하면 대강 주전 1100년~1060년경으로 추정된다. 그는 태어나면서부터 공적인 활동 기간 내내 혼자였다. 무엇보다 가까워야 할 동족에게서 거리가 멀었다. 블레셋이란 이국적인 세계로 진입하여 자신의 고독을 달랠 여인과 부부가 되고 연인이 되고자 했으나 그 관계 또한 정략이 깃들었던 터라 순정한 관계를 이루며 일상 생활인으로 평범한 행복을 누리며 살 수 없었다. 동족 이스라엘은 그가 유별난 방식으로 블레셋을 건드려 자극할 경우 자기들이 받게 될 위해를 두려워하여 그를 멀리 내쳤다. 블레셋은 자기들의 기득권을 위협하며 괴력을 발휘하는 삼손을 없애야 할 공공의 적 1호로 삼을 수밖에 없는 처지였다. 그 양자 사이에 끼어 있는 삼손의 고독은 비극적 징조를 잠재하고 있었다. 여기에 나실인으로서 강제된 금욕적 실존까지 덧보태져 그의 머리털로 인한 파국은 오래지 않아 그의 생명에 치명적인 독소로 작용했다.

삼손 하면 들릴라가 떠오를 정도로 그녀와의 마지막 연애 행각은 수많은 문학과 예술 작품을 통해 익히 알려진 고전적인 이야기다. 삼손은 마지막으로 소렉 골짜기의 들릴라라는 여인을 사랑했다고 한다. 그녀의 어떤 매력이 그를 사로잡았는지 그것은 삼손의 눈에 달려 있는 주관적인 기준이었을 테다. 그러나 분명한 것은 맨 처음 그가 딤나에서 만나 아내로 삼고자 한 익명의 여인과 달리 들릴라는 정략적인 동기로 접근한 것 같지 않다는 점이다. 야웨의 영과도 무관하게, 외로운 삼손이 어느 날 문득 들릴라와 눈이 맞았고 사랑이라는 마력에 사로잡혔을 것이다. 그 사랑이 정략의 제물로 돌변한 것은 블레셋 사람의 방백들이 이 사실을 확인하여 들릴라에게 접근해 삼손의 비밀을 캐내도록 종용하면서부터라고 봐야 한다. 그 유혹에 "은 천백 개"라는 뇌물성 미끼도 있었다. 들릴라는 가난한 집 딸이었는지 제 동족 블레셋을 지켜야 한다는 민족애나 무슨 중뿔난 사명감보다는 그 큰돈에 마음이 동했을 것이다. 그래서 적극적으로 자신의 사랑을 정치적·금전적 이해관계의 볼모로 만들어 첫 여인이 그러했듯 집요하게 삼손의 비밀을 캐낸다. 앞의 사례가 수수께끼 놀이에서 문제를 풀어 옷가지 선물 얼마를 주는 정도였다면, 이번 건은 자신의 정체성과 원초적 소명, 언약, 생사의 기로처럼 위중한 것이었다.

주지하듯 삼손은 들릴라의 재촉에 몇 차례 거짓 답변으로 외면하다가 들릴라의 치열한 공세에 "마음이 번뇌하여 죽을 지경"(삿 16:16)까지 이르러 마침내 비밀을 실토하게 된다. 그 번뇌의 핵심은 외로운 자기를 품어 준 여인, 제 몸의 온기를 나눠 준 그 여인을 자기 생명을 걸고 사랑하고 싶은 본능적 열정과, 하나님이 부모를 통해 자신이 태어나기도 전에 점지한 나실인의 엄중한 서원에 대한 책임감 사이에 생긴 심리적 균열이었을 것이다. 그런 자아의 분열은 자신이 사사로 지켜 온 공동체의 위로와 보호를 전혀 받지 못한 고독한 단독자로 살면서 더 깊은 갈증을 유발했을 것이다. 마치 그가 나귀 턱뼈로 천 명의 블레셋 사람을 섬멸한 뒤 깊은 갈증으로 목말라 죽을 지경이 된 상태에서 하나님이 그를 딱하게 여겨 엔학고레의 샘물을 제공한 것처럼 말이다. 그러나 육체적 갈증은 한시적으로 그렇게 해소되었을지라도 함께 온기를 나눌 반쪽의 생명이 부재한 상태에서 느낀 더 깊은 신체적 냉기와 정서적 갈증은 아무 데서도, 누구한테서도 보상받을 수 없었다.

공동체를 위한 단독자의 헌신

그렇게 비밀이 털려 무기력해진 삼손은 하나님과의 서원을 인간적 사랑의 대가로 그르친 과보를 톡톡히 받아야 했다. 마침내 체포되어 두 눈이 뽑히고 블레셋 다곤 신전의 두 기둥에 묶인 그는 적들의 조롱 대상이 되면서 영웅적인 기품은 사라지고 처량한 신세가 되었다. 막판에 삼손이 3천 명의 적들과 함께 죽기로 작정하고 야웨 하나님께 부르짖은 기도는 즉각 실현되어 원수를 단번에 갚기는 했다. 그러나 그 비극적 최후가 마냥 후련한 것은 아니다. 오히려 찜찜한 뒷맛을 남기는 것은 무엇보다 민족 공동체를 위해 철저히 헌신해 온 외로운 영웅을 품어 줄 동족이 아무도 없었기 때문일 것이다. 나아가 그 인간적 결핍을 채우려 순정하게 사랑하고자 했던 이방 여인에게 철저하게 배신당한 점도 그 이유 중 일부일 것이다. 그러나 태어나기도 전에 없는 태아를 만들어 준 대가로 그의 자발적 의지나 결단과 전혀 무관하게 그를 나실인으로 삼은 그 부모와 하나님은 삼손의 비극에 아무런 책임이 없는 것일까.

고독한 장사(壯士) 삼손의 이러한 모호한 실존의 한 심연에 생각이 미쳤음일까. 엄밀하게 보면 동반 자살이 분명한 삼손의 최후에 대해 사사기의 저자는 가타부타 평가하지 않는다. 그저 "삼손이 죽을 때에 죽인 자가 살았을 때에 죽인 자보다 더욱 많았더라"(삿 16:30)라고 숙연한 추모의 분위기만 덩그러니 피워 올릴 뿐이다.

8

나오미와 룻

순정한 충실성의 원형

요르단의 그랜드 캐니언이라 불리는 아르논 골짜기는 광대한 광야 가운데 움푹 꺼진 채 굽이치는, 수많은 세월의 굴곡을 품고 있는 지형이다. 나는 이곳을 두 차례 탐방하면서 전망대에서 세 여인의 모진 운명과 이민 및 역이민의 고단한 여정을 상상해 보았다. 이 길고 험한 골짜기를 통과하기에 앞서 시어머니 나오미는 두 며느리 오르바와 룻의 미래를 가늠하면서 생존의 위기에 직면하여 필사적인 선택을 해야 했다.

실패하여 귀향한 두 여인의 생존 분투기

일찍이 그녀는 고향 베들레헴을 떠나 식량 사정이 좀 낫다는 모압 땅으로 남편 엘리멜렉과 함께 두 아들 말론과 기룐을 데리고 이민을 떠났으나 그곳에서의 삶도 팍팍하기는 마찬가지였던 모양이다. 나오미는 모압 여인을 며느리로 맞아들여 두 아들로 가정을 꾸리게 하고 이민한 땅에 정착하는 듯했으나 남편 엘리멜렉이 죽고 나서 과부가 된 것도 모자라 두 아들을 차례로 먼저 보내는 참척의 고통을 견뎌야 했다.

거기서 정신적 해탈과 각성이 생겨난 것일까. 그녀는 그 고통을 신의 뜻으로 돌리고 그 후유증을 자신만의 몫으로 감내하는 게 낫다고 판단하여 두 며느리를 제 나라에서 새 남자를 만나 새롭게 출발하도록 자유를 주고자 했다. 첫째 며느리는 이 은덕을 수용하여 나오미를 떠났지만, 둘째 며느리 룻은 끝까지 시모 나오미 곁을 지키길 원했다. 이스라엘의 하나님을 배울 기회가 있었음일까. 그것은 하나님의 대표적인 성품인 인애(仁愛, hesed)를 본받아, 홀로 된 늙은 시어머니에게 보인 첫 충실성의 표현이었다.

고향 베들레헴으로 돌아온 나오미는 참 부끄러웠을

것이다. 좀 넉넉하게 살아 보겠다고 고향을 떠나 10년간 낯선 땅에 이민자로 살다가 재산은 물론 가족까지 죄다 잃어버린 채 이방 며느리 하나 달랑 데리고 귀향한 그녀에게 고향 사람들이 눈살을 찌푸려도 하등 이상할 게 없는 상황이었다. 두 과부의 실패한 인생살이에 대한 자격지심을 달랠 겨를도 없이 그녀들은 어떻게든 역이민한 새로운 터전을 개척해서 일용할 양식을 취해 살아남는 것이 화급한 목표일 수밖에 없었다.

하나님이 그들을 쳐서 박복하게 되었든, 아무런 죄과 없이 우발적인 재앙이 겹쳐 그렇게 처량한 신세가 되었든, 인생은 자살이 아니라면 어떻게든 지속해 나가야 했기 때문이다. 그래서 남편 엘리멜렉의 가까운 친척 보아스가 넉넉한 살림으로 여유 있어 보이는 정황을 살핀 뒤 며느리를 시켜 그의 밭에서 이삭줍기를 시켜 일용할 양식을 벌어 오게 했다. 추수꾼 남정네들이 득시글거리는 곳에 청상과부 며느리를 투입해 먹을거리를 주워 오게 한 일은 나오미의 입장에서는 다소 매정하고 룻의 입장에서는 남세스러울 법도 했다. 그러나 룻은 이 창피스러운 요청에 순종했다. 두 여인의 생존을 위해서라면 죽기 아니면 까무러치기식으로 무엇이든 행할 태세가 되어 있었던 듯하다. 이것이 룻이 늙은 시모 나오미를 향해 보인 두 번째 충실성의 표현이었다.

충실한 삶과 친절한 호의가 만나서

지주 보아스는 자기 밭에 젊은 여인이 이삭 줍는 모습을 유심히 살펴보고 동정심에 호의를 베풀었다. 익히 들은 바대로 그녀가 늙은 시모를 떠나지 않고 지극정성으로 섬기는 효심에 내심 감동했을 듯싶다. 그가 베푼 친절한 호의는 이삭을 줍는 그녀를 남정네들이 집적거리지 못하도록 보호해 주는 것과, 떡을 주고 볶은 곡식을 넉넉히 주어 배불리 먹고 남은 것을 나오미에게 가져다줄 만큼 넉넉하고 황송한 일이었다. 보아스는 룻의 효심을 적극 칭송했고 룻은 이에 화답하여 보아스의 친절한 호의에 순정한 언어로 감사를 표했다.

산전수전 다 겪었을 나오미는 이내 노회한 지혜로 보아스와 룻의 만남에 담긴 기미를 단순한 호의 이상으로 간파하여 위험한 지략을 발휘했다. 자신의 박복함으로 인해 대가 끊길 위기에 처한 나오미가 룻에게 사전에 용모를 단장하게 한 뒤 보아스의 타작마당에 잠입하여 그가 잠든 사이에 그의 이불 속으로 들어가 동침을 유도하도록 한 것이다. 이는 소돔과 고모라의 심판을 피해 달아난 롯의 두 딸이 동굴에서 나이 든 아비에게 동침을 감행해 암몬과 모압을 낳고, 과부로 자식을 못 본 다말이 창녀로 위장한 채 시아버지 유다를 성적으로 유혹하여 동침을 도발한 선례를 연상시킨다. 이 모두가 완고한 가부장제 시대의 습속에 따른 모험이었을 것이다. 룻이 이 위험한 제안에 어떤 일차적 심리 반응이 일었는지는 묘연하나 그 결론은 전적인 순종으로 나오미의 제안을 수락한 것이었다. 이 두 여인은 이미 생존을 위한 운명 공동체로 똘똘 뭉쳐 서로 생사화복을 두고 의지하는 견고한 연대 관계로 맺어진 상태였다. 룻의 이 행동은 나오미에게 보인 세 번째 충실성의 표현이었다고 볼 수 있다.

그렇게 도발적인 기획 아래 이불 속에서 만난 보아스와 룻은 당혹스러운 일차적인 반응이 가시고 나자 이성을 되찾았고, 즉흥적 욕정의 필요에 휘둘리지 않고 더 나은 건전한 대안을 모색했다. 기업을 무르는 당대의 전통을 참조하여, 관례대로 성문 앞에서 엘리멜렉의 대를 이어 줄 가문의 우선순위에 있는 이에게 먼저 기회를 주고 그가 그 가문의 기업을 무를 의향이 없는 게 확인되면 보아스가 차순위자로 룻을 취하여 엘리멜렉의 대를 이어 주기로, 질서 있는 로드맵을 제시한 것이다. 잘 단장한 젊은 여인 룻을 품에 안고 회포를 푸는 것이 동물적인 욕망이 앞선 선택이었다면, 그녀의 옷고름을 단정하게 매어 주고 당대의 보편적 규범을 따라 훗날을 기약하는 것은 합리적인 이성의 판단에 따른 인간적인 선택이었을 터이다. 두 남녀는 이 둘 가운데 후자의 방법에 흔쾌히 동의한 것으로 보인다.

친절과 호의와 온정으로 구현된 헤세드

이후 보아스와 룻, 룻과 나오미의 양동 작전은 해피엔딩으로 마무리된다. 보아스와 룻은 공동체의 축복을 받으며 혼인했고 그들은 오벳이라는 떡두꺼비 같은 아들을 생산한다. 그 아들은 스스로 박복하다 여긴 나오미에게 큰 위안이 되었고, 베들레헴 고향 사람들에게도 공동체적 축복의 대상이 되었다. 마침내 나오미는 신산한 이민 생활의 상실감을 한꺼번에 보상받게 된 것이다. 더구나 그 아들 오벳이 이새를 낳고 이새가 훗날 다윗을 낳아 룻이 다윗 왕의 증조할머니로 족보에 등재됨으로 하나님의 구원사적 영광에 동참했다는 게 특기할 만한 결론이다.

그러나 이 이야기를 기록한 룻기는 그 구원사의 흐름을 거창한 국가적 대의를 부각하는 방향의 민족적 서사로 장대하게 구성하기보다 실패한 이민자로 귀향한 두 과부 여인의 생존 분투기로 시작하여 베들레헴 고향 사람들의 공동체적 연대와 축복이라는 훈훈한 미담으로 전한다. 더구나 그 시대적 배경이 사람들이 "각각 자기의 소견에 옳은 대로" 행하던 혼돈의 사사 시대였음을 감안할 때 나오미와 룻의 이야기는 아무리 혼란스러운 상황에서도 희망의 불씨가 살아남아 먹고살며 짝을 지어 자식을 낳는 일상다반사 가운데 면면히 전승되어 간다는 점을 일깨워 준다. 이 땅에 아기가 태어난다는 평범하면서도 비범한 사실은 하나님이 이 땅에 대한 희망을 아주 포기하지 않았다는 징표임을 보여 주듯이 말이다.

룻기에 등장하는 룻과 나오미, 그 밖에 등장인물이 꾸려 가는 이야기의 전개 속에 하나님의 뜻이나 신적 가호와 인도하심 같은 초월적인 권능의 흔적은 거의 배제되어 있다. 이 두 여인은 그 절박한 생존의 위기 상황에서도 하나님께 간절히 기도하거나 금식하며 도우심을 구하기보다 서로 의지하며 최선의 방책을 찾아가는 방식으로 꾸준히 제 앞길을 개척해 나간다. 물론 그들이 그 난관을 뚫고 패자 부활전의 승기를 잡아 사회적 재활에 성공하기까지는 형수취수제, 이삭줍기, 기업 무르기 등과 같은 율법의 전통이 나름대로 작동하는 제도적 기반의 힘이 컸다. 그러나 그 좋은 율법적 전통도 보아스처럼 그것을 존중하여 선한 방향으로 활용하는 헤세드의 인간성이 있었기에 선한 결실을 거둘 수 있었을 것이다. 특히 보아스와 룻, 룻과 나오미가 서로를 향해 보인 친절한 호의와 섬세한 온정은 하나님의 그 인애(hesed)가 어떻게 삭막한 세상을 살아가는 인간 사회의 다양한 관계를 통해 구현될 수 있는지 암시적으로 보여 준다.

친절과 호의와 온정, 화를 복으로

랍비 유대교 전통에 의하면 나오미의 두 며느리 오르바와 룻은 모압 왕 에글론의 딸이었고 에글론은 발락의 아들이었다고 한다. 발락이 누구인가. 출애굽한 백성이 왕의 대로를 향해 모압 땅을 지나가려고 승인을 요청했을 때 그들의 행진을 방해하고 예언자 발람을 시켜 그들을 저주하도록 부추긴 사람이다. 랍비들은 이 모압의 행패에 대한 하나님의 보응이 발락의 후손 룻을 통해 이스라엘에 대한 보상으로 채워지도록 일정한 심리적 동기를 부여했을 법하다.

기독교 전통에서 룻은 마태복음의 예수 족보를 통해 메시아의 혈통적 계보에 다말과 라합, 밧세바, 마리아와 함께 실명으로 한 자리를 차지한다. 수많은 이스라엘 여인이 부계 혈통과 나란히 언급되는 대신 딱히 내세울 것 없는, 수치와 모멸의 역사적 기억을 떠올려 주는 이방 여인(라합, 룻), 부도덕한 여인(다말, 밧세바), 열악한 신분의 '비천한 계집종'(마리아)의 이름을 굳이 언급한 데는 특별한 의도가 있어 보인다. 요컨대 이는 유대인 선교를 주된 목적으로 썼다는 마태복음의 보수적 관점에서도 예수 그리스도를 통해 펼쳐지는 하나님의 구원사가 모세 계통의 민족주의적 유대교보다는 아브라함 계통의 보편주의적 유대교에 신학적 뿌리를 두고 있음을 암시한다. 그리하여 정결한 선민과 적통의 혈육을 배경으로 내세우는 자칭 선민 이스라엘뿐 아니라 부정하고 연약한 생명, 낯설고 수치스러운 출신 배경의 변두리 생명까지 기꺼이 호의적으로 환대하고 구원의 공동체로 영접하고자 하는 하나님의 포용적인 헤세드를 이 족보 가운데 드러내고자 한 것이다.

살면 살아진다

최근 인기리에 방영 중인 드라마의 한 회 소제목이 '살면 살아진다'이다. 아무리 벼랑 끝에 처한 궁색한 인생도 솟아날 구멍이 있기에 섣불리 절망하여 자결해서는 안 된다는 교훈을 룻과 나오미의 이야기가 보여 준다. 그녀들 개인의 삶은 극단적인 곤궁 속에 있었지만 그럼에도 극진하게 서로 신뢰하고 협력할 때 보아스 같은 후견인을 만났고, 다 허물어진 듯한 혼란기의 사사 시대였어도 이삭줍기 같은 율법의 제도가 공동체적 방패막이로 입에 풀칠이라도 할 수 있게 도왔다. 더구나 지혜롭게 상황을 잘 조율하여 기업 무르기 같은 전통적 관행을 통해 이 두 여인은 가까스로 확보한 생존의 기반 위에 화를 복으로 바꾸는 인생 역전의 길을 뚫어 낼 수 있었다.

이 아름다운 헤세드의 이야기를 담은 룻기라는 책은 학자들의 추론 결과 대체로 페르시아 시대(주전 550-330년)에 생산된 것으로 본다. 국토가 총체적으로 유린되고 그 가운데 이스라엘 민족의 상징적 구심점이던 성전도 철저히 훼파되었을 뿐 아니라 백성들은 어육이 되거나 이역만리 포로로 끌려간 현실이 그 배경이라고 추정해 보자. 그들은 낯선 이방 땅에서도 언젠가 귀향하여 패자 부활전의 새로운 서사를 쓸 기회가 임하리라는 희망 가운데 당대의 절망스러운 현실을 견뎠을 것이다. 실제로 느헤미야를 통해 그 희망 어린 기회는 마침내 실현되기 시작했고, 그런 상황에서 룻과 나오미의 끈끈한 연대와 충실성의 모델은 인간적 의리를 하나님에 대한 전적인 신뢰로 승화시키는 신학적 상상력을 매개했을 법하다. 이 연약한 두 여인이 처신하고 결단하여 행동한 대로, 그들 역시 모질고 힘겨운 일상을 감내하여 꾸역꾸역 하루하루 살다 보니 살면 살아지는 이치가 저절로 체득되지 않았겠는가.

9

다윗

천 개의 얼굴

다윗이 한미한 가문 출신에서 이스라엘의 영웅으로 등극한 계기는 누가 뭐래도 블레셋의 거인 장수 골리앗을 무찌른 사건이다. 그때 그의 정확한 나이를 확인할 수는 없으나 소년보다 높고 청년보다 조금 낮은 청소년 정도가 아니었을까 추측된다. 그는 들판에서 양 떼를 돌보면서 키운 물맷돌의 예민한 감각을 활용하여 늑대와 사자 등 맹수를 대적하던 조준 실력으로 골리앗의 급소를 정통으로 때려 그를 제압했다고 구약성서의 서사는 기록한다. 이러한 혁혁한 공적으로 그가 "천천의 사울"보다 더 인기 높은 "만만의 다윗"으로 이스라엘 역사에 부상하는 발판을 얻었지만 그것은 또 다른 여정을 향해 거친 가시밭길을 예고하는 연단의 신호였다.

지도자의 기반이 된 환난 공동체

다윗이 사울 왕을 피해 다니며 이곳저곳으로 유랑하면서 퍽 외로웠을 당시 그에게 뜻밖의 원군이 찾아오는데 바로 사울 왕의 아들 요나단이었다. 그와 나눈 우정은 죽음도 갈라놓지 못하는 매우 끈끈한 것이었고, 그들은 단순히 친한 친구 이상의 관계, 가령 영혼을 교감하는 깊은 애정의 관계로 발전했다. 특히 다윗의 목숨이 풍전등화에 처한 위급한 상황에서 요나단은 자신의 부친인 사울 왕 편에 서지 않고 친구인 다윗 편에 서서 도와줌으로써 자신이 계승할 왕좌를 다윗에게 양보하는 예비적 행보를 취한다. 여기서 다윗은 그 우정에 감동하여 역으로 자신의 권력 욕심을 내려놓고 요나단의 충실성을 왕의 재질로 추켜세워 그를 사울 왕의 후계자로 세워 줄 수는 없었을까.

역사의 흐름은 얄궂게도 다윗을 떠오르는 해로 키웠고 사울 왕은 지는 해로 전락시켰다. 마침내 사울 왕은 그

투기심이 정신병으로까지 악화되어 철저하게 몰락하면서 그의 아들 요나단과 함께 블레셋군에 맞서 싸우다가 비극적 최후를 맞이했다. 다윗은 요나단과의 의리를 지키면서 그 의리 너머로 권력의 군불을 살짝 쬐었고, 그 권력의 영광에 대한 희망과 하나님과의 언약에 대한 강인한 믿음이 상승 작용을 하면서 한 친구와의 우정을 밑절미로 삼아 한 나라를 경영할 꿈을 꾸기 시작했다고 보는 게 정직한 통찰일 것이다.

다윗이 민중의 지도자로 리더십을 발휘하기 시작한 기반으로 아둘람 동굴의 공동체를 언급하지 않을 수 없다. 다윗 왕을 도와준 놉의 제사장 아히멜렉은 다윗의 거짓말에 속아 골리앗의 칼을 그에게 병장기로 주었고 떡도 제공했다. 이 사실을 알게 된 사울 왕은 다윗을 도와준 놉 땅의 제사장 85명을 아히멜렉과 함께 도륙함으로써 그를 도와준 대가를 톡톡히 치르게 했다. 이 광란의 살인극에 놀란 다윗은 자신의 부친을 비롯한 집안 식구들을 다 아둘람의 동굴로 피신시켰고, 그의 소문을 들은 자들 중 "환난 당한 모든 자와 빚진 모든 자와 마음이 원통한 자가 다 그에게로 모였고 그는 그들의 우두머리가 되었는데 그와 함께 한 자가 사백 명 가량" 되었다고 한다(삼상 22:2). 이 구절은 다윗이 기층민중의 지지를 얻어 권력 기반을 쌓기 시작했다는 증거로 볼 수 있다. 그러나 한 나라를 경영하기 위해서는 이처럼 한이 많고 결핍이 심한 백성들만으로는 턱없이 부족한 게 사실이다. 더구나 사울의 정치적 영향력은 이스라엘 12 지파 중 다수 지파를 통솔할 정도로 컸던 데 비해 다윗의 지지층은 남쪽 지역의 유다 지파가 고작이었다.

명분과 실리를 모두 취한 지략

그렇게 점진적으로 세력을 키운 다윗은 사울 왕의 세력을 물리치며 이스라엘 왕국을 통일하기까지 혹독한 권력 투쟁을 벌였다. 그 가운데 그가 살아남고자 얼마나 치열하게 발버둥쳤는지, 얼마나 치밀하게 권력의 자장을 확장해 나갔는지 그 행간의 사실은 관련 역사 기록에 서늘하게 드러난다. 그는 여느 영특한 왕처럼 포용과 배척이란 당근과 채찍을 동시에 활용하여 고도의 정치적 지략을 발휘해 나간다. 다윗은 사울 왕과 그의 잔존 세력을 제거하는 과정에서 그를 기름부음 받은 하나님의 종이라 여겨 직접 자기 손에 피를 묻히지 않았다. 대신 길보아 전투에서 화살에 치명상을 당한 그를 조력 자살의 형식으로 죽게 한 부관을 처형함으로써 명분과 실리를 둘 다 취하는 교묘한 전략을 취한다.

그 밖에도 그는 정치적 은인과 원수에 대한 보응을 철

저하게 했다. 가령 그는 자신을 도와준 아비가일이란 여인이 베풀어 준 호의를 존중하여 훗날 그녀를 자신의 아내로 삼았으나 그녀의 남편 일당은 철저하게 제거하는 이중적 대응을 했다. 또한 요나단의 장애인 아들 므비보셋을 궁궐로 불러들여 환대함으로써 요나단과의 우정을 지켰음을 보여 주었다. 사울 왕과 그 배후 지지자들을 마냥 냉혹하게 처단하지 않는다는 증거로 므비보셋의 환대를 이용하면서도 그 후손 중 누구도 사울의 편에서 정치적인 반란을 획책하지 못하도록 철저하게 싹을 자르는 방식으로 노련하게 정치적 숙청 작업을 추진했다. 그는 야전 시절 자신과 함께 동고동락한 요압 장군과의 관계에서도 자신을 도와주고 충성을 바친 의리를 인정하여 그를 중용하면서도 자신의 아들 압살롬의 반란을 진압하는 과정 등에서 무리수를 둔 그를 후대에 철저히 보복하는 방식으로 뒤끝을 보이기도 했다.

인과응보의 인생

다윗이 이스라엘을 통일하고 수도를 헤브론에서 예루살렘으로 옮긴 뒤 왕성을 짓고 체제를 안정시키면서, 변두리의 군인으로 기동하며 부하들과 현장을 누비는 횟수는 점점 줄어들었다. 그렇게 왕복을 입고 왕관을 쓴 채 그는 점차 왕궁의 안정된 권력에 안주하게 된 것 같다. 그는 대략 19명의 아들을 두었는데 여러 아내를 일종의 정략결혼 형태로 취한 결과였다. 그것이 후계 구도에서 피비린내 나는 권력 투쟁의 비극을 잉태한 셈이니 인과응보의 법칙이 그의 왕정사에 일관되게 작용했다고 볼 수 있다.

특히 자신의 충성된 용병 우리아를 야비한 방식으로 전쟁의 일선에서 죽게 하고 그의 아내 밧세바를 취한 행태는 두고두고 후회막급의 비극을 잉태한 씨앗이었다. 그 불륜의 소생 솔로몬이 막내로서 왕좌에 등극하는 과정에서 형제들끼리 권력 투쟁의 비극을 초래함으로써 다윗은 제 자식들을 먼저 사지로 보내는 극한의 고통을 감내해야 했다. 그가 정치적인 술수와 모략으로 구축한 권력의 성채와 왕좌의 영광 뒤에 피비린내 나는 가족사의 슬픔이 있었다는 사실을 외면해선 안 된다. 그래서인지 늘그막에 그의 떨어지는 체온을 덥혀 주려 아비삭이란 아리따운 동정녀를 품에 안게 되지만 그녀와 성관계를 갖지 않은 것은 그가 부당하게 아내로 취한 밧세바의 후과가 너무 끔찍한 기억으로 각인된 성찰의 소산이었을지 모른다.

정치가요 용사, 시인이요 예인이었던 사람

이러한 다윗의 산전수전과 파란만장한 정치 역정 속

에서도 하나님은 왜 그를 끝까지 버리지 않고 붙들었던 것일까. 왜 후대의 사가가 그를 '하나님의 마음에 합한 자'라는 지극히 후한 평가로 자리매김하면서 그와 맺은 하나님의 언약이 대대손손 영광스러운 것이라 용비어천가를 띄운 것일까. 친유다 지파의 충성된 시각이 가미된 이스라엘 역사서는 당연히 이에 대한 증거가 빈약하다. 그러나 다윗이 지은 것으로 알려진 시편의 노래들을 보면 희미하나마 단서가 잡히기도 한다. 그는 천 개의 얼굴을 지닌 정치가였고 용감무쌍하고 지략이 뛰어난 군인이었지만 동시에 어려서부터 전원 환경에서 가축을 돌보며 자연을 탐구하길 즐거워하고 수금을 타며 노래를 지은 시인이기도 했다. 그에게는 천부적인 시인의 감수성이 그 유년기와 청소년기를 거치면서 자생했고, 그것이 그를 탄력적인 인간, 창조적인 존재로 키워 냈던 것이다. 그는 권력의 이전과 이후 탄식하는 인간이었고, 회개의 눈물로 자신의 내면을 깊이 성찰하면서 그 정화된 영혼의 거울을 통해 하나님을 발견하고 예찬할 줄 아는 초월적 인간으로 성장해 나갔다.

그 덕분에 그는 신신한 자신의 정치적 이력을 성찰할 수 있었고 야전 사령관으로서 전쟁터를 누비던 과거의 행보에 묻은 피 냄새를 씻어 내는 노래로 아름다움을 발견했다. 특히 그 시적인 감수성이 매개로 작용해 그는 아름다움의 원형인 하나님을 찬탄하며 경배하는 지극한 신실함의 경지에 다다랐던 것으로 보인다. 다윗은 여러 편의 주옥같은 시를 써서 제 영혼의 거울로 삼음으로써 거기서 자신의 내면에 깃든 실존의 여러 양상을 통찰했다. 그렇게 그는 천 개의 얼굴을 지닌 자신의 삶을 스쳐 지나간 오욕의 흔적을 읽을 줄 알았다. 나아가 그는 분노와 저주, 탄식과 비애, 희열과 찬미, 상처와 고통 등의 잡다한 경험과 감정을 아우르는 창조세계의 우주적 파노라마가 자신의 왕국을 초월하는 광대무변한 하나님의 주권 아래 펼쳐짐을 고백할 수 있었다. 그만큼 그는 고대 히브리 문명이 배태한 웅숭깊은 시인이었고 예인이었다. 그런 예술적 끼를 억누르거나 숨기면서 권력의 최전선에서 피비린내 나는 싸움을 수행했으니 얼마나 피곤했으랴! 이제 영원한 하나님의 그 아늑한 품에 안겨 편히 쉬어도 족하리라.

10

솔로몬

지혜의 빛과 그림자

이스라엘 왕조사에서 가장 '엄친아' 이미지에 근접하는 인물을 한 명 꼽으라면 단연 솔로몬 왕이 아닐까. 그는 출생이 그리 아름답지 않았다. 우리아의 아내 밧세바를 취하여 얻은 태아를 뱃속에서 잃고 그 후에 회개한 다윗이 정식으로 밧세바를 아내를 취하여 낳은 솔로몬은 부모에게 각별한 아들이었을 것이다. 이미 다양한 정략결혼으로 많은 아들을 둔 다윗이었지만 그 사연이 애절한 만큼 어린 솔로몬을 양육하면서 일종의 '막내 신드롬'을 다윗과 밧세바가 겪지 않았을까 싶다.

이후 다윗이 세상을 떠나게 될 만년에 왕위 계승을 둘러싼 솔로몬 측과 다른 형제들 간의 권력 투쟁이 있으리라는 것은 충분히 예상할 만한 현실 상황이었다. 심지어 다윗이 멀쩡하게 살아 있을 때도 압살롬이란 아들의 반란으로 왕권이 휘청거릴 정도로 험악한 고충을 치르기도 했으니 말이다. 가장 절박한 사람은 솔로몬의 어미 밧세바였을 것이다. 그녀는 잽싸게 나단 선지자를 우군으로 끌어들여 솔로몬이 왕이 되어야 한다는 천명을 확약 받았다. 연이어 제사장 사독, 군 사령관 브나야 등의 지지 세력을 규합하여, 솔로몬의 이복형 아도니야를 왕으로 세우고자 한 요압 장군, 제사장 아비아달 등의 반대 세력이 일으킨 반란을 타도하고 왕권을 획득하는 데 성공했다.

탁월한 지혜의 결실

그렇게 치열한 혈투를 거쳐 왕이 된 솔로몬이 산당에서 일천 번제를 드려 꿈속에서 하나님을 만나고 자신과 왕국을 위한 부귀영화가 아니라 백성들의 송사를 잘 분별하여 판결할 수 있는 지혜를 구한 것이 하나님께 감동이 되어 부귀영화까지 보장받은 일화는 유명하다. 이후 솔로몬이란 이름은 '지혜'의 대명사처럼 역사를 통해 전통으로 굳어졌고, 그 전통 가운데 그는 많은 지혜의 잠언과 전도서를 저작한 인물로 자리매김되었다. 이러한 판별의 지혜를 증빙하기라도 하듯, 한 아이의 진짜 어미를 구별하여 명판결을 내린 솔로몬의 유명한 재판 이야기는 동서고금에 많이 회자하면서 인간의 감추어진 속내를 꿰뚫어 보는 통찰력의 진면목을 드러내기도 했다.

그가 이스라엘 통일 왕국의 3대 왕으로 등극하여 이룬 다양한 치적은 구약성서 열왕기서와 역대기서에 자세하게 기록되어 나온다. 그는 영토를 남북으로 최대한 확장하여 정치·군사적 전성기를 구가했으며, 역동적인 국제 무역을 통해 경제적인 번영도 어느 정도 성취했다. 국가의 문물을 정비하고 통치의 체계를 세우는 등 제왕으로서 그의 역량과 리더십은 여러 방면에서 '지혜로운' 빛을 발한 게 사실이다. 무엇보다 그는 히람 왕과의 우호적인 외교 관계를 통해 레바논의 백향목을 수입하여 하나님을 경배하는 성전을 지은 건축의 공로로 두루 칭송을 받았다. 이 성전 건축이 이스라엘 종교사뿐 아니라 정치사에서도 중요한 의미를 지닌 것은, 이후 지방의 산당 체제로 운영되며 산발적으로 행해지던 종교 제의를 예루살렘 성전이란 공간에 중앙 집권적으로 통합, 통일시키는 데 구동축이 되었기 때문이다. 나아가 그 성전이 정치·경제적 중심뿐 아니라 신정 체제의 구심점 역할을 함으로써 이후 이스라엘 역사를 통틀어 정신세계의 핵심으로 중요한 상징적 위상을 점유해 갔다는 점이 특별히 주목할 만하다.

솔로몬의 지혜에 입각한 활달한 외교 정책과 정치·경제적 번영을 단적으로 시사하는 사례는 아프리카 시바의 여왕이 방문하여 솔로몬 왕과 만난 이야기다. 다양한 후대의 전설을 낳고 문학과 예술의 소재로도 많이 응용된 이 일화는, 이국적인 시바 여왕의 출신 배경과 여성적 풍모 외에도 그녀가 솔로몬과의 대화를 통해 그의 지혜에 탄복하여 그 지혜자를 왕으로 세우신 야웨 하나님을 찬양한 사실로 인해 상당한 관심을 유발했다. 이와 함께 그녀는 4톤의 황금을 비롯한 희귀한 향료 등 풍성한 선물을 솔로몬 왕에게 선사했고, 솔로몬 또한 이에 대한 답례로 푸짐한 선물을 그녀에게 건네 준 것으로 전해진다.

성공에 이은 쇠락의 시작

그러나 과도한 성공이 패망의 단서를 제공하고 지나치게 풍성한 번영이 자만심을 키워 쇠락의 샛길을 만드는 것이 역사의 통상적 교훈이다. 마치 다윗이 사울의 핍박을 피해 도피해 방랑할 때나 야전 사령관으로 최전선의 현장을 누비며 병사와 백성들 모두 함께 풍찬노숙하며 더불어 고생하던 때 하나님과 백성 앞에 두루 신실하고 겸손했다가 왕궁에 왕관을 쓰고 들어앉아 안주하면서 결정적인 실수를 한 것과 마찬가지 이치다. 솔로몬은 왕국을 안정된 체제로 확립하고 나서 긴장이 풀렸는지 백성들을 재판하던 탁월한 지혜로 자기 자신의 실존과 주변의 현실을 성찰할 내면의 거울을 마련하지 못한 것으로 보인다. 그는 자신에게 베풀어진 일신의 영달과 국가의 부귀영화를 아마도 자신의 치적으로 말미암은 당연한 결과로 받아들였을 가능성이 크다. 맨 처음 순수하게 상면한 야웨 하나님의 강복과 지혜의 선물이 어디서 발원한 것인지, 또 국가의 번영을 이루기까지 신료와 백성들이 얼마나 땀 흘리며 수고했는지도 망각했을 가능성도 농후하다. 등 따습고 배부르면 과거의 소박하던 시절, 그 순수했던 초발심마저 단숨에 말아먹는 일이 인간사 가운데 비일비재하지 않은가.

그 후과는 심각한 재앙으로 솔로몬과 그 이후의 이스라엘에 악영향을 미쳤다. 고생해 보지 않은 '엄친아'답게 그는 말년에 과시욕이 생겼는지, 이름도 다 기억하지 못하고 모두와 동침하지도 못했을 텐데 700명의 후궁과 300명의 첩을 두는 여자 사치를 과도하게 일삼았다. 워낙 다양한 이웃 나라에서 데려온 처첩비빈들인지라, 자기 나라의 종교적 우상도 함께 가져왔고 그들의 간청에 휘둘려 솔로몬은 야웨 신앙 외에도 가나안 토착신 바알과 시돈의 여신 아스다롯, 암몬의 신 밀곰 등 이방 신을 숭배하는 길로 나아갔다. 예루살렘 성전이 엄연히 존재하는데도 도시의 양쪽 언덕 위에 산당을 짓고 야웨 하나님이 역겨워하는 모압의 신 그모스와 암몬의 신 몰렉 앞에 버젓이 제사를 지내는 우상숭배를 자행했다. 신앙적 순결함을 망실하고 혼합주의 종교의 우두머리로 솔로몬이 변질된 것이다. 이내 신정체제의 중심이 허물어지면서 국가의 기강도 흔들리기 시작했다. 신명기 사가들은 이러한 상황을 솔로몬의 패역에 대한 인과응보의 결과로, 즉 야웨 하나님의 노여운 심판으로 이해했다.

그도 그럴 것이 솔로몬 치세 후반기에 이미 에돔 사람 하닷이 솔로몬을 적대했고(왕상 11:14-22), 또 다메섹(수리아)의 르손이란 사람이 일어나 솔로몬의 원수가 되었다(왕상 11:23-25). 나아가 아히야 선지자는 솔로몬의 신복인 여로보암에게 이스라엘 열 지파를 주겠다는 하나님의 신탁을 선포했다. 이러한 와중에 왕국은 내우외환에 직면했고, 그의 뒤를 이어 왕이 된 르호보암은 정치 초보자로, 경륜 있는 신하들의 말을 물리치고 젊은이들의 혈기 어린 조언을 따라 세금과 국가 노역을 강화하여 백성들의 심한 불만을 야기한 나머지 유다와 베냐민 두 지파만 달랑 남고 나머지 열 지파는 떨어져 나가 남과 북 두 왕국으로 분열되는 비극을 자초했다. 그 비극의 씨앗이 솔로몬 왕 후반기의 퇴락한 통치 상황으로 소급될 수 있음은 물론이다. 이처럼 통일 왕국을 이룬 지 얼마 되지 않아, 두 왕의 치세기를 견디지 못하고 다시 사울과 다윗이 대립하던 이전 상황으로 되돌아간 셈이다. 역사의 비극은 이렇게 반복되고 그 비극의 교훈은 통치자들에게 좀처럼 진중하게 되새겨지지 못한다.

지혜의 빛과 그림자

전도서의 저자를 솔로몬으로 확정하고 그가 이 말년의 지혜서를 통해 자신의 과오를 회개했다는 판단은 단순 논리에 입각한 소박한 추론이다. 이 추론에는 논증하고 넘어야 할 만만찮은 가설들이 있다. 솔로몬 사후의 후대 전승 가운데 그는, 마법사의 원조 격으로 일각에서 추앙되는 희한한 유산을 남겼다. 그 출처 중 하나가 나그함마디 영지주의 문서인 '아담 묵시록'인데 거기서 솔로몬은 마귀의 군대를 조종한 사람으로 등장한다. 아마도 솔로몬의 탁월한 지혜를 영지주의자들이 최상의 가치로 본 '영지'(gnosis)로 동일시하여 승화시킨 데서 비롯된 전승이 아니었을까 싶다.

솔로몬에 대한 가장 냉정한 후대의 판단은 복음서의 예수에 의해 내려졌다. 예수는 솔로몬이 이룬 모든 위업과 영광이 들에 핀 꽃 한 송이의 영광과 아름다움에 미치지 못한다고 그 값어치를 평가절하했다(마 6:29). 이 어록은 그 의미를 일반화하면 아무리 대단한 권력이 성취한 엄청난 인위적인 영광도 하나님의 창조 신비를 순전하게 간직한 자연의 아름다움에 미치지 못한다는 미적 판별의 기준으로 볼 수도 있다. 예수는 또한 시바의 여왕이 솔로몬 왕을 찾은 역사적 기억을 호출하여, 남방에서 솔로몬의 지혜를 들으려고 찾아온 이 여왕의 열린 마음과 겸손한 자세에 미치지 못하는 당대의 사람들을 질타했다. 요컨대 그 남방 여왕의 자세와 마음을 기준으로 삼을 경우, 예수 당시 완악하고 패역한 세대를 심판할 근거가 된다는 것이다. 아울러 예수는 남방 여왕이 확인차 찾아왔다는 그 솔로몬의 지혜보다 더 큰 지혜자로 왔기에 솔로몬보다 더 큰 자라고 자신의 위상을 자리매김함으로써 그 지혜의 질적인 층위와 수준이 다름을 역설했다. 솔로몬의 지혜를 극찬하기보다 역시 상대적인 맥락에서 평가절하한 것이다.

이렇듯 지혜도 상대적이고 시대와 상황에 따라 빛을 발하는가 하면 그 빛으로 인한 그림자도 생겨난다. 그 지혜의 근원이신 하나님을 외면한 지혜는 더구나 교만의 출처가 되어 금세 그 빛이 어둠으로 돌변하기도 한다. 솔로몬의 지혜는 한 시대를 풍미하며 빛을 발했으나 이후 그 그림자가 길게, 짙게 드리워졌고 결국 패망의 선봉이 되었다. 따라서 솔로몬의 지혜를 달라고 간구하는 우리 기도의 상투적인 관행도 그 저변의 함의를 깊이 숙고하며 지혜의 본질을 다시 되새겨 보는 기회로 삼는 것이 오히려 진정한 지혜자의 현명한 길이려니 한다.

11

요시야

비운의 개혁 군주

이스라엘 왕국은 다윗의 언약에 기초를 두고 세워져 한때 번성했으나 남북으로 분열되면서 잦은 외침에 시달렸다. 더구나 남북 두 왕국마저 서로 대립하며 다툼을 이어 가다 보니 국력은 점점 더 쇠퇴했고 민족의 기상은 더욱 약해져 갔다. 그러던 와중에 남유다 왕국에 특출한 개혁 군주가 출현하여 이스라엘 군주제 역사 가운데 전무후무한 종교 개혁으로 일대 변화를 일으켰는데 그 왕이 바로 요시야다.

대략 주전 640년경 불과 여덟 살에 왕위에 등극한 그는 어린 나이에 국가를 지고 가야 했던 고된 운명의 주인공이었다. 우리나라 역사를 보면, 이렇게 어린 나이에 임금이 되면 배후에 왕실의 어른이 수렴청정을 하여 왕이 성년이 될 때까지 통치권을 행사하는 것이 관행이었다. 그런데 요시야가 그 어린 나이에 왕이 되어 어떻게 권력을 잃지 않고 자랄 수 있었는지, 그 배후에 누가 실권자로 정치를 이끌었는지 알려진 바가 없다. 다만 그가 왕이 된 지 8년째 되는 해부터 철이 들면서 세상 물정을 익히고 자기가 왕으로 섬기는 나라의 위태로운 현실에 눈을 뜨지 않았을까 싶다. 훗날의 역사가는 이에 대해 조상 다윗의 하나님을 찾기 시작했다고 에둘러 기록한 듯하다.

신앙적 갱신으로 재도약을 꾀하다

그가 어떤 동기와 배경 아래 종교 개혁을 단행하여 민족의 신 야웨 하나님을 유일신으로 섬기기로 작심했는지는 불분명하다. 또 그 결심에 따라 그가 이방 종교로 감염된 자국 내 우상숭배의 현장을 대대적으로 파괴하여 깡그리 진멸할 정도로 철저한 변혁을 주도하게 된 직접적 계기가 무엇이었는지 궁금해진다. 이를 단순히 신앙적인 열정과 의욕만으로 설명하기란 불충분하다. 더구나 요시야 왕의 사적을 기록한 열왕기하(22-23장)와 역대하(34-35장)의 내용을 비교해 보면, 이방 종교의 우상숭배를 박멸하다시피 한 산당과 신상의 파괴, 그곳에서 수종 드는 바알과 아세라의 제사장들, 일월성신의 숭배자들을 진멸한 대대적인 숙정 작업이 개시된 시점도 일치하지 않는다. 열왕기하의 기록에서는 성전 보수 공사 중 율법 책을 발견한 사건 이후에 우상 파괴 작업이 진행된 것으로 편집된 반면, 역대기의 기록은 그 책의 발견 이전에 이미 이러한 작업이 상당 부분 수행된 것으로 전하고 있기 때문이다. 그러나 어쨌든 요시야 왕의 종교 개혁에 매우 결정적인 동기를 부여한 것은 성전 보수 공사 중 발견한, 오늘날 학자들이 신명기의 일부라고 추론하는 그 율법 책에 기록된 하나님의 말씀이었음은 분명해 보인다.

요시야 왕은 국가의 기틀을 바로 세우는 데 성전의 권위를 되살리는 게 중요하다고 생각했을 것이다. 나아가 그 종교 제의의 온전한 실현을 통해 흐트러진 민심을 수습하고 한 분 하나님을 경배하는 신앙적 갱신이야말로 쇠락해 가는 국운을 추슬러 재도약할 중요한 전략적 선택이라고 판단했을 법하다. 그도 그럴 것이 그가 선대왕들이 추켜세우며 백성들에게 장려한 바알과 아세라로 대표되는 가나안 토착 종교의 신상들은 물론, 모압 신 그모스와 암몬의 신 밀곰, 일월성신의 신을 분향하는 제단과 기물, 그 모든 제의를 주관하는 사제들을 소멸하는 기세가 매우 냉정하고 단호했기 때문이다. 요시야가 이 모든 우상숭배를 척결한 행동과 관련하여 이를 기록한 역사가는, 그것들을 찍고 깨뜨리고 헐고 불사르고 빻아서 가루를 만든 뒤 시냇물에 쏟아 버리거나 그 죽은 사제들의 무덤 위에 뿌렸다고 표현할 만큼 그 어휘가 전투적이고 살벌하다. 그는 남유다 왕국의 군주였지만 이러한 종교 개혁의 열풍은 이미 멸망한 북쪽 이스라엘의 강역까지 포괄하여 므낫세와 에브라임, 시므온, 납달리 지파의 땅에도 이르렀다. 이와 같이 그는 군대를 이끌고 온 이스라엘 땅을 순회하면서 각 성읍의 광장에서 우상의 제단을 부수고 아세라 목상과 조각 신상들을 깨뜨려 가루로 만들고 분향단들을 철저히 훼파한 뒤 예루살렘으로 돌아왔다. 역대하에 의하면, 요시야 왕이 이 대대적인 개혁을 단행한 시점이 재위 12년째 되던 해 곧 그의 나이 스무 살 때였다. 이 새파란 청년 왕의 혈기가 신앙적 열정과 결부되어 그러한 용맹과 결기로 표출된 것이었을까.

군계일학의 용맹한 개혁 군주

이러한 무력적 강압에 의한 개혁은 힐기야 대제사장

이 성전에서 발견한 율법 책을 통해 더 탄력을 받게 되었다. 사무엘 시대 이후 제대로 지켜 오지 못한 유월절이 민족의 종교적 정체성과 연관하여 얼마나 중요한지 대오각성하는 계기를 이 두루마리 문서가 제공한 셈이다. 그 율법 책을 통해 종교 제의적 갱신과 변혁을 추진하는 과정을 되짚어 보면, 여기에는 요시야 왕의 개혁이 단지 그의 열정이나 개인기에만 의존하지 않고 주변에 협력하는 다양한 동조 세력이 있었음을 보게 된다. 대제사장 힐기야와 서기관 사반이 등장하고 사반의 아들 아히감과 미가야와 그의 아들 악볼, 왕의 시종 아사야 등 여러 인물이 이 종교 개혁의 조역으로 등장한다. 아울러 이 율법 책의 계시적 의미를 해독하여 전해 준 여선지자 훌다 또한 이스라엘과 유다 족속에게 내릴 하나님의 진노 어린 심판의 메시지로 분위기 각성에 크게 일조한다.

마침내 요시야 왕은 율법 책의 계시적 말씀을 자신과 백성들을 향한 경고의 메시지로 깊이 새겨 회개와 성찰의 기제로 활용한다. 철저한 회개가 통곡을 동반하며 왕의 모범적 선도 아래 그 땅의 백성들이 말씀의 계시 앞에 순종하는 대반전의 기회가 이로써 마련되었다. 그 정점에서 이룩한 개혁의 결실은 사무엘 이후 한 번도 제대로 지키지 못한 유월절 절기를 매우 꼼꼼하게 준비하여 율법 책의 내용대로 성대하게 시행한 것이었다. 이는 이스라엘과 유다 왕국의 국가적 기원을 거슬러 올라가, 민족의 기원과 그 가운데 하나님이 그 조상들과 함께 행했던 소중한 역사를 회복하고 그 전통을 다시 현재화한다는 중대한 의미를 지닌 사건이었다.

이렇듯 요시야는 단순히 국가에 온축된 적폐를 청산하고 구태를 일소하는 파괴적인 작업에 머물지 않고 그 소멸한 기반 위에 새롭게 갱신된 전통의 가장 소중한 부분을 담아 재건하려는 생산적인 노력을 기울였다. 이런 일들이 그의 나이 불과 26세에 가능했다는 것은 정치 지도자로서 그의 역량이 얼마나 출중했는지, 개혁 군주로서 그의 기상이 얼마나 탁월했는지 보여 주는 증거로 손색이 없다. 이러한 놀라운 성과에 날카로운 역사가의 시선으로 신명기의 잣대를 들이대서 냉정하게 기록한 열왕기하의 저자조차 요시야 왕의 업적에 대해 다음과 같이 전대미문의 긍정적 평가를 내렸다. "요시야와 같이 마음을 다하며 뜻을 다하며 힘을 다하여 모세의 모든 율법을 따라 여호와께로 돌이킨 왕은 요시야 전에도 없었고 후에도 그와 같은 자가 없었더라"(왕하 23:25). 이 역사가는 요시야 왕을 서두에 평가할 때 "요시야가 여호와 보시기에 정직히 행하여 그의 조상 다윗의 모든 길로 행하고 좌우로 치우치지 아니하였더라"(왕하 22:2)라고 다윗 왕에 비견한 바 있다. 통일 왕국을 건설하는 다윗의 과업도 만만치 않았을 것이다. 그러나 요시야 당시는 반쪽의 동족 나라가 멸망한 뒤 워낙 험한 위기 상황이 이어졌던 터라, 쇠락하는 왕국을 지탱하며 그 와중에 국가 공동체를 추슬러 개혁을 단행하는 일이 훨씬 더 귀하고 중하게 비쳤을 것이기에 역사가는 이처럼 전무후무한 개혁 군주로 후한 평가를 내리지 않았을까 싶다.

아쉬운 선택과 때 이른 죽음

그러나 개혁 군주 요시야는 이러한 혁혁한 개혁적 성취에도 불구하고 참 허망한 죽음을 맞이했다. 동기가 훌륭하고 과정이 순탄하면 결말도 아름다워야 할 텐데 요시야는 그 공생애의 막판이 험악했다. 때는 바야흐로 티그리스강 중류에 자리 잡은 북방 강국 앗수르(앗시리아)가 유프라테스강 하류에 자리 잡고 융성해 가던 바벨론 제국과 더불어 근동의 패권을 두고 대결전을 벌이던 시점이었다. 이때 남쪽의 강국 애굽의 왕 느고(네카우 2세)는 북방의 앗수르를 도와 바벨론 제국을 견제할 목적으로 군사를 이끌고 지중해 해안길을 따라 북쪽으로 이동하던 중이었다. 앗수르 제국은 주전 722년 북이스라엘 왕국을 멸망시켰으나 이 3대 제국의 대결전이 임박한 주전 609년경에는 바벨론 제국에 의해 이미 수도 니느웨가 함락당한 뒤 하란으로 쫓겨 났고(주전 612년) 거기서도 밀려 북쪽 유프라테스강 상류의 갈그미스에서 최후의 방어선을 구축하고 있던 상태였다. 이집트의 왕 느고는 바로 그곳으로 출정하여 일대 결전을 벌이고자 했는데 그 중간 길목에 바로 므깃도 요새가 버티고 있었다. 그때 요시야는 그곳으로 군대를 이끌고 가서 이집트의 군대를 막아선 것이었다. 군사력과 무기 등 여러모로 약체인 유다 왕국의 형편을 스스로 모르지 않았을 텐데 왜 요시야는 이런 무모한 군사 행동을 감행했던 것일까. 그가 당시 급변하던 국제 정세와 그 동향에 대해 상대적으로 둔감했을 가능성이 있다. 그로 인해 외교적으로 오판한 결과였을까.

열왕기하 23장 29절에 "애굽의 왕 바로 느고가 앗수르 왕을 치고자" 올라가던 중 므깃도에서 요시야를 만났다는 기록은 당시 역사적인 정세에 비추어 부정확한 번역으로 보인다. 애굽 왕 느고는 앗수르를 도와 바벨론의 공격에 대항하고자 앗수르의 갈그미스로 '향하고' 있었다고 봐야 한다. 열왕기하의 기록은 요시야의 최후에 대해 단순하게 그가 애굽 왕에 맞서 므깃도의 전장에 나왔다가 죽임을 당했고 그의 신복들이 요시야 왕의 시체를 예루살렘으로 가지고 와 장례를 치렀다고 전한다. 그러나 후대에 나온

역대기하의 기록은 이보다 더 상세하고 그 죽음의 구체적 원인도 대강 암시되어 있다. 애굽 왕 느고가 하나님의 신탁 명령을 받아 유다를 공격하지 않고 갈그미스를 치러 가는 길이니 하나님의 명령을 거역하지 말라고 사신을 보내 경고했으나, 요시야 왕은 이에 불응하여 오히려 변장을 하고 므깃도에서 느고와 싸우던 중 적군이 쏜 화살에 맞아 중상을 입었고 병거로 예루살렘에 도착해 거기서 죽었다고 한다(대하 35장). 요시야는 그의 나이 불과 39세에 종교 개혁의 눈부신 성과를 정치 개혁으로 이어 나가지 못한 채 비운의 생을 마감했다. 선대왕 다윗이 이루었던 부국강병의 꿈을 채 피우지 못한 아쉬운 최후였다.

허망한 죽음과 남겨진 교훈

그가 단순히 외교적인 오판을 한 것이 아니라 명분 있는 싸움을 감행한 것이었다면 그 명분이 무엇이었을까. 그는 혹 자신의 동족 이스라엘을 멸망시킨 앗수르를 돕고자 기동한 애굽 왕 느고의 군대를 동족의 의리상 용납할 수 없었던 것은 아닐까. 이로써 앗수르 제국이 이스라엘에게 113년 전 행한 패악질을 간접적으로 보복함으로써 하나님의 공의를 세우고자 한 것일까. 아니면 유월절을 회복하면서 얻은 역사적 교훈에 몰입한 나머지 출애굽의 신산한 역사와 그 가운데 애굽이 자기 조상들에게 행한 가혹한 일에 관한 역사적 기억이 그에게 반이집트적 저항 의식을 부추긴 것은 아니었을까.

그는 그렇게 허망하게 죽어 비운의 개혁 군주로 기록되었고, 그를 죽인 애굽 왕은 요시야 왕을 승계한 여호아하스를 폐위한 뒤 은 백 달란트와 금 한 달란트를 벌금으로 부과하며 엘리아김을 꼭두각시 왕으로 세우는 등 위세를 부렸다. 그러나 애굽 또한 갈그미스 전투에서 패퇴한 뒤 바벨론 제국에 밀려 근동의 패권을 상실했고 약소 국가로 전락하여 역사의 그늘 속으로 시들어 갔다. 앗수르, 애굽, 바벨론. 이 제국의 역사를 통틀어 승자도 결국 마지막에는 죽고 그가 이룩한 제국도 패배의 쓴맛을 피해 갈 수 없었다. 그 역사의 곡절 가운데 패배자의 진실도 있다. 요시야 왕은 그 허망한 죽음에도 불구하고 전무후무한 용맹스러운 행보와 대대적인 종교 개혁의 기상을 보여 주었으니 그 가운데 그가 남긴 역사적 의미와 그 교훈마저 죽은 것은 아니었다.

12

엘리야

고전적 선지자의 대부

신약성서의 관점에서 모세가 율법을 대표한다면 엘리야는 예언을 대표하는 표상적 인물이다. 그런 연유에서인지 이른바 예수의 변화산 이야기에는 좌우로 나란히 모세와 엘리야가 등장한다. 신약성서에 실명으로 등장하는 많지 않은 구약의 인물 중에서도 그는 이처럼 예수와 연계되어 나오고 야고보서에는 의로운 기도의 모범적 인물로 살짝 묘사되기도 한다. 그게 전부가 아니다. 세례자 요한은 '엘리야가 다시 오리라'고 말라기 선지자가 예언한(말 4:5) 그 엘리야의 현신으로 동일시되기도 했다. 예수 역시 이 점을 인정하여 메시아가 오는 길을 예비한 세례자 요한이 바로 다시 오리라고 예언된 바로 그 재림 엘리야임을 확인해 주었다. 그런가 하면 항간에는 예수 역시 사람들의 소문 가운데 재림 엘리야로 회자될 정도로 그와 관련된 구약성서의 전통은 신약성서 시대에도 사람들의 역사적 기억 속에 깊이 각인되어 있었던 게 분명하다.

전무후무한 걸출한 예언자

엘리야의 잔상이 이토록 강렬한 요인 중 하나는 그의 공생애 끝에 나타난 마지막 장면 때문이다. 육신을 가진 모든 인간은 이 땅에서 죽어 이 땅에 묻히기 마련이다. 엘리야와 쌍벽을 이루는 모세도 마지막 순간에 모압 평지에서 느보산에 올라가 여리고 맞은편 비스가 산꼭대기에서 약속의 땅 동서남북의 경계를 두루 살펴본 뒤 죽음을 맞아 벳브올 맞은편 모압 땅의 한 골짜기에 장사되었다고 매우 구체적으로 기록되어 있다(신 34:1-6). 비록 그의 무덤 자리를 아무도 모른다고 여운을 남겨 후대에 그의 죽음에 대한 신비한 전설을 만들어 내기도 했지만 그가 땅에서 죽어 땅에 묻혔다는 사실만은 이렇게 확연하게 남아 있다. 그러나 엘리야의 경우 공생애 마지막을 장식한 것은 이렇게 땅에 묻히는 장면이 아니라 회오리바람에 휘말려 불병거를 타고 하늘로 올라가는 신묘한 승천의 장면이었다.

이는 십자가에 달려 죽어 매장된 뒤 사흘 만에 부활하여 40주야를 머물다 하늘로 승천한 예수의 방식과도 다르다. 엘리야는 아예 죽음을 맛보지 않은 채 변화하여 승천한 것으로 묘사되기 때문이다. 흔히 그와 마찬가지로 죽음을 맛보지 않은 또 다른 유일한 인물로 에녹이 거론되기도 하지만 이에 대한 창세기의 기록은 다소 모호하고 추상적이다. "에녹이 하나님과 동행하더니 하나님이 그를 데려가시므로 세상에 있지 아니하였더라"(창 5:24). 이런 기록에서 하나님이 그를 데려가셔서 세상에 있지 않았다는 말씀이 딱히 그가 죽음을 경험하지 않고 엘리야와 같은 방식으로 승천했다는 의미를 띤다고 보기 어렵다. 오늘날에도 사람이 죽으면 하나님이 그를 데려가셨다고 표현하지 않는가. 이 점에서 엘리야의 마지막 사라짐과 그 방식은 전무후무한 특이한 예라 할 수 있다.

이러한 초월적인 승천의 아우라에 감싸인 위인 엘리야는 정반대로 또 다른 극단적인 이미지를 걸치고 있다. 아마도 그의 공생애 사역의 정점은 갈멜산에서 바알과 아세라 선지자들 도합 850명과 대결하여 쾌거를 이룬 사건이라 볼 수 있다. 그들과 혈혈단신으로 맞붙은 엘리야는 각을 뜬 송아지 제물을 한 마리씩 제단 위에 놓고 나무에 불을 붙이지 않은 채 신적인 힘을 빌려 불살라 태우는 방식으로 겨루었다. 바알의 선지자들이 자해까지 하면서 아무리 용을 쓰고 그들의 신에게 빌어도 아무런 응답이 없었으나, 엘리야는 제단 주위에 도랑까지 파서 물을 가득 채운 뒤 "여호와여, 내게 응답하옵소서"라는 한마디에 하늘에서 불이 내려 승리를 거두었다. 그 결과, 패배한 모든 이교 선지자들을 잡아 죽이며 야웨 신앙의 기치를 높이 들고 대대적인 혁신을 할 수 있었다(왕상 18:1-40). 이 전승담은 이스라엘 민족이 역사의 내우외환을 맞을 때마다 그들의 기억 속에 회고되면서 큰 용기와 위로를 주었을 것이다. 마치 을지문덕의 살수대첩, 강감찬의 귀주대첩, 이순신의 한산대첩의 역사적 승전 기억이 국권을 상실한 일제 강점기에 우리 민족의 상처를 달래고 용기를 북돋아 준 것과 마찬가지다.

로뎀나무 그늘의 연약한 인간

그러나 엘리야는 그 이후 희한한 행보로 공생애 사역 최정점에서 급전직하 추락을 경험한다. 갈멜산 사건을 전해들은 아합 왕의 부인 이세벨이 독기를 품고 자신의 종교적 신복을 숙청한 엘리야에게 복수를 다짐하며 그를 추적한 것이다. 오뉴월에 서리를 내릴 듯한 그녀의 기세에 눌려 엘리야는 쫓기며 이스라엘 북쪽 길르앗 땅에서 남쪽 브엘세바로, 다시 호렙산으로 40주야를 이동하여 스스로 숨고자 했다. 그 여정에 지친 엘리야는 로뎀나무 그늘에 누워 죽기를 자청할 정도로 무기력한 상태로 전락해 버렸다. 이러한 나약한 인간 엘리야는 갈멜산의 영웅 엘리야와 극적인 대조를 이룬다. 다행히도 호렙의 한 굴에서 야웨 하나님의 계시를 받아 다시 심신을 추스르며 회복의 기회를 얻었지만 그는 결국 자신의 예언 사역의 바통을 제자 엘리사에게 물려주고 왕조를 전복하고 갱신하는 준비 사역을 마지막으로 공생애의 종지부를 찍는다.

엘리야의 고향은 길르앗 지방 디셉이란 마을이었다. 그가 그 일대에서 활동하는 동안 아합의 폭정에 대한 하나님의 심판으로 비가 내리지 않으리라는 저주를 선포하자 수년 동안 비가 그쳐 극심한 가뭄이 이스라엘 땅에 임했고(왕상 17:1-7), 갈멜산 꼭대기에서 이교 선지자들을 숙청한 뒤 간절히 기도했을 때 다시 그 땅에 비가 내리는 기적이 나타났다(왕상 18:41-46). 천기를 움직이는 이런 놀라운 기적을 행한 그는 북이스라엘 왕국의 난세에 혜성같이 등장하여 권력자들의 농단에 하나님의 심판을 경고하고 야웨의 공의를 선포했다.

극심한 가뭄과 이로 인한 가난의 고통 속에 사르밧의 한 과부가 고통을 당하자 엘리야는 그녀와 어린 아들에게 넉넉히 음식을 만들어 먹고 생계를 유지하도록 밀가루와 기름을 풍성하게 제공하는 음식 기적을 베풀기도 한 긍휼의 선지자였다(왕상 17:8-24). 그 혹독한 가뭄의 여파를 함께 겪으면서도 하나님이 보내신 까마귀들이 떡과 고기를 물어다 주어 그를 먹여 살릴 정도로 그는 동물 친화적이고 생태주의적인 야생의 인간이었다(왕상 17:6). 그의 이러한 야생적 특징은 그의 옷차림새에도 반영되어 나타나는데 그는 털이 많은 옷(아마도 낙타 털옷)을 입고 가죽 띠를 띠고 활동했다(왕하 1:8). 이러한 엘리야 스타일은 세례자 요한에게 고스란히 전수되어 그 역시 광야에서 외치는 고독한 생활 중에 낙타 털옷을 입고 메뚜기와 석청을 음식으로 삼아 야인처럼 산 것으로 복음서는 기록한다.

역사의 한복판에서 애쓴 공동체적 인물

그러나 엘리야가 평상시 이러한 고독한 야인으로 산 것인지에 대해서는 의문의 여지가 있다. 그가 벧엘과 여리고에서 양성하던 선지자 학교의 생도들이 함께 모여 공동체 생활을 영위하고 있었기 때문이다(왕하 2:3, 5). 아마도 엘리야는 자신의 선지자적 권위와 명성을 듣고 몰려온 이들 중에서 제자들을 선발하여 그들을 훈련시키는 공동체를 세웠던 것 같다. 그는 결코 고립된 삶을 추구하던 광야의 고독한 선지자가 아니었다. 오히려 그는 뭇 선지자들의 대부로서 제자들을 키우며 그들의 예언을 통해 쇠퇴해 가던 나라와 민족의 현실을 하나님의 계시의 말씀으로 지탱하고 견인하고자 애쓴 공동체적 인물이었다. 이렇듯 그는 당대 역사의 한복판에서 활약하되 동시대의 가장 민감한 관심사에 집중하여 불의한 정치 및 종교 권력에 저항했으며, 과단성 있는 결기로 오염되고 타락한 이스라엘의 종교를 혁신한 선구적 지도자였다.

　엘리야는 개인의 길흉화복을 점쳐 주는 식의 예언을 하지 않았다. 아합과 이세벨 따위의 정치 권력자에게 아부하는 '평화로다, 은혜로다' 식의 예언도 그와 거리가 멀었다. 그는 온몸으로 시대의 첨예한 한복판으로 달려갔고 치열하게 역사의 정곡을 찌르는 방식으로 하나님 한 분을 바라보며 그로부터 계시받은 메시지를 담대하게 전했을 뿐이다. 그의 인간적인 연약함으로 인해 이스라엘 길르앗 땅에서 남쪽 브엘세바와 호렙으로 피신하는 슬럼프가 있었지만 모든 우여곡절이 합력하여 선을 이루시는 하나님의 뜻대로 그는 거기서 새로운 역사의 도약을 위한 새 이정표를 세웠다.

엘리야란 이름은 '내 하나님은 야웨이시다'라는 뜻이다. 그는 야웨 하나님의 사람, 철저한 야웨주의자로서 그렇게 그 이름값에 부응하여 용기 있게 외치며 불의한 권력과 부대끼며 살았다. 비록 그에게 주어진 상황이 힘에 겨워 때로 낙담했지만 다시 일어나 이를 극복하며 살았다.

종말론적 희망의 대명사

"여호와의 크고 두려운 날이 이르기 전에 내가 선지자 엘리야를 너희에게 보내리니"(말 4:5)라는 말라기의 예언은, 앞서 언급했듯이 후대에 큰 영향을 끼쳤다. 이른바 엘리야 재림설 또는 엘리야 환생설(Elijah redivivus)의 여파는 신약 시대 세례 요한과 예수마저 그 예언의 실현으로 여겨질 정도로 크게 나타났다. 민중 가운데 엘리야의 재림에 대한 갈망이 그토록 컸던 것은 이스라엘 민족의 위기 상황, 특히 외세의 식민지로 전락했을 때 갈멜산에서 하나님의 권능을 단숨에 드러내 이방 세력을 초토화한 그 영웅적인 활약상의 사회사적 기억에 연유했을 것이다. 특히 그가 여느 다른 선지자들과 달리 죽음을 보지 않고 산 채로 하늘로 승천했다는 구약성서의 전승은 그의 재림에 대한 기대를 강화하는 효과를 더했다. 이는 우리 역사에 의적으로 꼽히는 임꺽정이나 장길산 또는 소설 속의 주인공 홍길동의 사례에서도 보듯이, 그 영웅이 장차 다시 재림하여 도탄에 빠진 가난한 백성을 구해 주거나 유토피아 국가를 세우리라는 종말론적 희망이 투사된 결과로 볼 수 있다. 엘리야는 그만큼 대단한 고전적인 선지자의 위상을 점한 인물로 난세의 고비마다 민중의 염원 속에 호출되면서 종말론적 희망의 대명사로 이스라엘 역사 대대로 면면히 기억되어 갔다.

13

예레미야

시종일관 비애의 선지자

'눈물의 선지자'로 알려진 예레미야는 유다 왕국의 격변기에 출생하여 비극적인 역사의 상황을 온몸으로 감당하며 하나님의 말씀을 대언한 인물이다.

격랑의 세계정세 속에서

히스기야 왕(주전 716-687)이 시도한 개혁은 그의 사후 수포가 되고 말았다. 특히 므낫세 치하에서 부패한 지도

자가 하나님의 말씀에 눈 감고 귀 닫은 채 악한 행실로 시종일관하며 체제 쇄신과 개혁의 희망을 꺾어 버린 게 치명적인 타격이 되었다. 므낫세 체제가 주전 640년 종결되면서 다시 한 번 기회가 왔는데, 의롭게 살고자 애쓴 요시야가 왕좌에 올라 8년간 통치하며 한동안 정치적 자유를 구가하고 대대적인 종교 개혁을 추진했기 때문이다. 그러나 난데없이 터진 전쟁에 휘말려 안타깝게도 유다 왕국의 마지막 희망이었던 요시야 왕은 므깃도 전투에서 치명상을 입고 전사하고 말았다. 이 전쟁은 애굽과 앗수르 연합군이 신흥 강국으로 부상한 바벨론과 대결하여 싸운 전쟁으로 주전 609년 발발했는데, 그 틈새에서 유다 왕국의 외교적인 처신이 오락가락했다. 결국 애굽 군대의 북진을 제어하려다가 고래 싸움에 새우 등 터지는 타격을 입어 요시야는 죽고, 후임 왕 여호아하스는 이집트에 포로로 잡혀가고, 애굽 왕 느고(Neco)는 여호야김을 새 꼭두각시 왕으로 세워 팔레스타인 지역의 유다 왕국을 간접 지배했다(주전 609-605).

이후 바벨론이 더 강성해져 애굽 세력을 격퇴하고 수리아와 팔레스타인 지역을 정복하면서 유다 왕국은 3년간 바벨론 제국의 가신 국가로 전락해 버렸다. 그러다가 주전 601년 다시 애굽과 바벨론의 전투에서 한시적으로 승기를 잡은 애굽이 세력을 떨치자 유다 왕국에서는 친애굽파가 득세했고 여호야김은 바벨론 제국으로부터 독립을 선언하기에 이르렀다. 그러나 외세 열강의 눈치를 보는 변덕스러운 처신은 그리 오래가지 못했다. 바벨론이 다시 이웃 나라 군대와 연합하여 유다를 침공했고 여호야김 왕을 암살했다. 그를 이어 18세에 무기력한 왕이 된 사람은 여호야긴이었는데(주전 598년), 그 이듬해 바벨론의 또 다른 침략으로 예루살렘 성이 항복하자 여호야긴 왕과 그의 모후, 고위 관료, 장인들은 대거 바벨론으로 추방되고 말았다. 또 다른 꼭두각시 왕으로 시드기야를 세웠지만(주전 597-587) 이후 10년의 세월은 왕조 멸망을 피할 수 없는 추락의 과정일 뿐이었다.

마침내 주전 587년 예루살렘 성의 함락과 성전의 파괴, 도성 일대의 방화로 유다 왕국은 종말을 고했다. 느부갓네살의 명을 받은 그달리야(개역성서에는 그다랴, 그달랴로 표기되기도 했다)가 그 땅을 지키는 총독으로 임명받았으나 곧 암살되면서 이 거룩한 땅은 그야말로 황폐한 무정부 상태로 돌변했다. 그 비극적 역사의 광경을 줄곧 지켜본 예레미야는 애가를 지어 비탄한 심정을 토로했다.

지방 성소에서 예루살렘 도성으로

이처럼 험난한 역사의 퇴행기에 예레미야는 아나돗의 제사장 힐기야의 아들로 태어났다. 그가 태어나 자란 곳은 예루살렘 인근 베냐민 지파의 땅이었고 그의 가문은 다윗의 제사장을 지낸 아비아달의 후손이었던 것으로 보인다. 그가 선지자로 부름 받은 것이 요시야 왕 치세 13년이었으니 대략 18-25세쯤이었을 것으로 추산된다. 그는 실로 성소의 어린 사무엘처럼 실로 근방 아나돗의 지방 성소에서 대략 12-13세 때부터 제의 업무를 보조하면서 성장했던 것 같다. 대략 추산되는 그의 출생 연대는 주전 640년경이다.

그의 소명 이야기를 보면 모세와 유사한 면이 있는데, 살구나무(아몬드) 가지 이야기(렘 1:11-12)가 모세의 떨기나무 관련 소명 이야기(출 3:2-6)와 비슷하고, 소명에 머뭇거리는 태도를 보이며 거부 의사를 표명한 점(렘 1:6, 출 4:10-17)도 동일하다. 그래서인지 예레미야는 신명기에 예언된 모세와 같은 한 선지자(신 18:18)를 자신으로 동일시하면서 그 가운데 자신의 역할 모델을 발견한 것 같다.

예레미야의 초기 사역(주전 622-605)은 요시야 왕 치세기에 성전 수리 중 율법 책을 발견한 시점으로 소급된다. 이 당시 예레미야는 사반이 주도한 예루살렘 서기관 학교에서 문자와 수사학을 공부하며 본격적으로 예언 사역을 준비했을 가능성이 크다. 이후 그는 예루살렘으로 이동하여 평생을 그곳에서 머물며 도성이 함락될 때까지 예언 활동을 전개했다. 그는 성전 예배에 꾸준히 참석하면서 민족의 지도층과도 교제한 것으로 보이는데(렘 19:1) 당시 진행 중이던 요시야 왕의 전반적인 개혁 작업을 지지하여 예루살렘 중심의 제의 개혁 프로그램에도 동조한 것으로 판단된다. 그러나 이러한 예루살렘 중심의 종교 제의 체계 재편 프로젝트는 자연스럽게 고향인 아나돗 성소의 문을 닫는 후폭풍으로 이어져 그 지역 제사장 친족들에게 핍박을 받고 원성을 들었을 게 뻔하다(렘 11:18-12:6).

반발과 반대에 직면한 예언

예레미야가 신탁의 말씀을 선포하며 비판적 어조로 예언한 주요 내용은 우상숭배, 종교 제의적 타락 등으로 이는 유다 왕국을 추락시킨 대표적인 왕 므낫세 시대의 부정적 유산이었다. 이 당시 그는 혼자 외친 것이 아니라 하박국, 스바냐 등과 연대하여 야웨 신앙을 근본적으로 혁신해야 한다는 희망을 공유하며 함께 외쳤다. 단순히 종교적인 형식에 물든 신앙이 아니라 마음의 할례를 강조했고(렘 9:25-26), 하나님과의 언약에 순종할 것(렘 11:1-8)과 안식일의 철저한 준수(렘 17:19-27)를 주요 메시지로 선포했다. 또한 그는 주변 강대국인 앗수르와 애굽에 굴종하여 가신으로 살기보다 민족주의적 합일의 자세를 견지하여 북왕국과 남왕국이 종교·정치적으로 연합하여 예루살렘을 중심으로 거듭날 것을 주장했다.

그러나 예레미야의 이 모든 예언 설교는 극렬한 반발과 반대에 직면한, 좌절의 연속이었다(렘 6:16-17). 마침내 그가 바벨론의 침략으로 예루살렘 성전 파괴를 비롯해 도성과 나라 곳곳에 끔찍한 참상이 일어나리라고 예언하자 다른 예언자와 제사장은 극도로 분노하여 그를 죽이려고 대들었다. 그 위험한 순간 예레미야는 사반의 아들 아히감의 도움을 받아 목숨을 부지했고(렘 26:24) 주변의 선량한 관료와 도성민이 그를 지지하여 그나마 위기 국면마다 비빌 언덕을 확보할 수 있었다.

마침내 주전 605년 갈그미스(Carchemish) 전투에서 애굽 군대가 바벨론에 대패하면서(렘 46:2-12) 근동의 주도권은 바벨론에 완전히 넘어가고 말았다. 이후에 닥칠 전쟁의 불길한 미래에 대하여 예레미야는 신탁의 예언을 공개적으로 낭독하고 피신했는데(렘 36장) 이후 유다 왕국이 멸망하기까지 그의 행방은 잠복기를 보인다. 그의 후기 사역 기간 중(주전 604-586) 전반부(주전 604-597)에는 바룩과 함께 잠적하는데 이 기간에 아마도 신탁의 두루마리를 작성하여 기록으로 남기는 작업을 수행하지 않았을까 추측된다. 그 와중에도 유다 왕국의 멸망이 다가올 때 예레미야는 다시 여호야김 왕의 사치와 방탕, 폭력과 불의에 대해 경고의 예언을 하면서 수치스러운 종말을 고하게 될 것이라고 질타했다. 주전 597년 바벨론의 느부갓네살 왕이 도성을 공격했고 이에 유다 왕국이 항복하면서 예레미야는 다시 활동을 재개했다. 그 비극적인 현실 속에서도 그는 바벨론으로 추방당해 포로로 잡혀간 동족을 위로하며 희망을 주었으나(렘 31:21-22) 백성을 잘 다스리지 못한 여호야긴 왕에 대해서는 그가 귀환할 수 없고 왕통이 단절되리라고 저주의 예언을 했다(렘 22:24-30).

거듭되는 비관적 예언

바벨론의 두 차례 대대적인 공격으로 예루살렘 도성이 함락되어 유다 왕국이 멸망하는 상황 속에 예레미야는 시드기야의 무원칙한 대응에 좌절을 겪고 무기력한 상태에 놓였다. 그러나 그 가운데서도 그는 바벨론에 대한 신탁(렘 51:59-64)과 이웃 나라들에 대한 신탁(렘 48-51장)의 예언을 남겼다. 또한 포로민에게 편지를 써 보내 그들을 위로했고(렘 29장) 여호야긴이 무사 귀환하리라는 하나냐의 낙관적인 거짓 예언과 충돌하면서 고통스러운 싸움을 이어 갔다. 그나마 희생을 줄이는 유일한 방책으로 저항은 죽음이고 항복이 최선이라고 시드기야에게 권고했지만, 시드기야가 이를 거부했고 마침내 종말의 심판을 피할 수 없었다. 참으로 어리석은 최악의 결과였다.

도성이 함락되면서 구덩이에 던져져 죽음에 방치된 예레미야는 그 위기 상황에서 에티오피아 사람 에벳멜렉(Ebed-melech)에 의해 구출되었고, 바벨론 장군 느부사라단은 그를 방면하여 가고 싶은 곳으로 가라고 선처했다(렘 39:11-14, 40:1-6). 이후 예레미야는 시드기야 일행과 미스바로 갔으나 거기서 암몬의 계략으로 시드기야가 암살당하고 백성들은 방향을 잃고 우왕좌왕했다. 그때 예레미야는 거기 그대로 머물고 애굽으로 들어가지 말라는 신탁을 받아 예언했으나, 이런 제안은 거부되고 그는 반역죄로 고소되고 일행은 예레미야와 바룩을 끌고 애굽의 다바네스(Tahpanhes)로 들어가 정착했다(렘 43:7).

주전 586년 이집트에 정착한 예레미야는 당시 55세의 나이로 거기서도 하늘 여왕을 우상으로 숭배하는 유대인 동족을 향해 추방의 징벌이 있으리라고 예언했다. 이에 반해 백성들은 그들이 고통당하는 것은 하늘 여왕을 제대로 숭배하지 않았기 때문이라며 또 반발했다.

간절하고 정직했던 예언자

예레미야가 이후 애굽에서 어떤 최후를 맞았는지 역사의 기록은 전무하다. 핍박 중 순교를 당했는지, 자연사했는지 확인할 길이 없다. 그러나 분명한 것은 그가 사사건건 자기가 속한 집단에 불리한 신탁을 예언했다는 사실이다. 또한 그는 공생애 기간 내내 야웨 신앙과 언약을 중심으로 개혁을 시도하고 개혁을 지지했으나 반대파 기득권자들의 저항에 부딪혀 매번 좌절과 고통을 겪었다. 마지막으로, 고통의 눈물을 흘리며 비애의 감정을 밥 먹듯이 들이키면서도 그는, 최선의 메시지가 통하지 않고 자기 동족이 벼랑 끝 상황에 처할 때에도 차선의 방책으로 살아남는 길을 마지막 희망으로 제시했다.

예레미야의 비애는 이런 진정성과 충실성을 품고 있었다. 역사의 처참한 흔적을 냉정한 눈으로 목격하고 관찰하면서 철저하게 기록하고 애도함으로써 후세에 그 교훈을 되새기길 간절히 원했던 정직한 선지자의 통찰이 그에게서 마지막까지 형형한 눈빛으로 살아 꿈틀거리고 있었다.

14

느헤미야

투쟁적인 개혁가의 길

혁명보다 개혁이 어렵다는 말은 우리 사회와 역사 현실을 비추는 관용적인 구호처럼 유통된다. 개혁 또한 단발성의 일회적인 개혁으로 그칠 경우 즉각 이전의 개혁 성과조차 물거품이 된다는 교훈을 우리는 근현대의 역사에서 배운다. 이런 견지에서 느헤미야는 문제적 인물이 아닐 수 없다. 그가 구약성서 느헤미야서에 본격적으로 등장하기까지 언제 어디서 태어나 어떤 과정을 거쳐 성장했는지 구체적인 정보를 얻을 수 없다. 그는 대뜸 페르시아 수산궁에서 왕의 포도주를 시중드는 술 관원으로 등장하기 때문이다.

성공적인 예루살렘 성벽 중수 작업

느헤미야서와 주변 문헌 자료를 대강 간추려 보면, 그는 유다 왕국이 바벨론 제국에 망하고 이역만리 끌려간 포로민의 자식으로 이방 땅에서 태어났으리라 추론된다. 바야흐로 역사의 흐름은 격랑을 일으키면서 대제국 바벨론이 망하고 그 자리에 바사(페르시아)라는 또 다른 제국이 패권을 차지하고 있었다. 그 페르시아 제국의 아닥사스다(Artaxerxes) 왕 치세기(주전 465-424) 중 20년(주전 445 또는 444)에 느헤미야는 왕궁의 술 관원으로 출세하여 관료 생활을 하고 있었다. 당시 느헤미야의 직책이 술 관원이 아니라 왕궁에서 시중드는 환관이었다는 대안적 가능성은 구약성서의 희랍어 번역본(70인역)에 그의 직책을 술 관원(oinochoos) 대신 환관(eunochos)이라고 표기한 기록을 근거로 하는데 이는 유사한 어휘로 인해 생긴 단순 착오의 결과일 가능성이 높다.

느헤미야는 어느 날 망한 유다 왕국의 옛 땅에 남은 동족 유대인들이 곤경에 처하고 예루살렘의 성벽이 허물어졌다는 소식을 듣고 수심에 잠겨 왕에게 자신을 예후드 지역에 보내 고국의 성벽을 중수할 수 있도록 허락해 달라고 요청하기에 이른다. 이는 주전 538년 스룹바벨이 페르시아 왕 고레스의 칙령으로 동족의 일부를 데리고 1차로 귀환하고, 주전 468년 에스라가 그 뒤로 예루살렘에 귀환한 지 20년이 지난 시점이었다. 왕의 총애를 받았는지 느헤미야는 즉각 윤허를 받아 냈고, 왕은 친서를 써 주면서 각 지역의 방백들이 느헤미야의 임무를 돕게끔 했다. 왕은 이와 함께 느헤미야 일행이 성벽을 재건하는 데 필요한 건축 자재 중 일부를 왕의 숲에 있는 목재를 채벌하여 사용할 수 있도록 관대한 은혜를 베풀었다.

막상 현장에 도착해서 백성을 독려하여 성벽 수리 작업을 하려 했으나 사마리아인 산발랏과 암몬 사람 도비야 외에 아랍인과 블레셋 사람의 방해 공작에 직면한 느헤미야는 이 대적들과 맞서 대항해야 했다. 마침내 그는 적들의 공세를 이겨 내면서 52일 동안 동쪽과 남쪽, 북쪽의 성문을 완공하고 북서쪽 모퉁이와 성전산의 서북쪽에 전망대를 다시 세우는 데 성공한다.

제의적 신정 공동체를 회복하려는 개혁 정책

이처럼 예루살렘 도시 공간의 기본적인 생활 인프라

구조인 성벽을 중수한 뒤 느헤미야는 대대적인 개혁 정책을 발표하고 페르시아 속주 총독으로서의 권한을 최대한 활용하여 이를 적극적으로 추진하기 시작했다. 그 개혁 정책을 유형별로 정리하면 경제 개혁(가난한 자의 채무 청산, 이자 금지, 동족의 노예 매매 금지)과 종교 및 사회 개혁(안식일 철저 준수 및 안식일에 상행위 금지, 성전 제의 및 성전 관리, 이방인과의 통혼 금지)을 아우르는데, 이 모든 정책들이 모세의 율법이란 권위에 근거하여 강압적으로 추진되었다.

이러한 개혁 정책의 신학적 비전을 학자들은 메소포타미아의 모델을 답습한 '성전 공동체' 또는 '시민-성전 공동체' 유형으로 평가하면서, 이런 체제의 제의적 리더십을 로비스트나 홍보 담당관(lobbyist, spin doctor)으로 규정하거나, 또 다른 관점에서 독재자(tyrant) 유형으로 분류하기도 한다. 느헤미야의 리더십에도 이런 측면이 고려되어야 한다는 주장도 물론 제기되었다.

그렇게 느헤미야는 고국으로 귀환하여 12년간 총독으로 페르시아의 속주 예후드를 다스리다가 수산궁의 왕에게로 돌아갔다. 이후 그는 다시 고국으로 돌아갔으나 이방인이 성전에서 장사하는 등 다시 예전의 악한 길을 따라 행하는 백성들을 발견하고 이에 분노하여 재차 성전과 제사장, 레위인과 관련한 정화 작업을 펼침으로 예전의 제의적 신정 공동체의 기강을 회복하려는 불굴의 노력을 아끼지 않았다.

느헤미야의 개혁을 보는 다양한 관점들

이러한 느헤미야의 투쟁적 개혁 운동이 워낙 강렬하고 치밀하여 훗날의 평가도 관점에 따라 다양하게 드러났다. 마카비 혁명과 하스모니아 왕조 체제에서 느헤미야는 경건한 개혁적 민족주의 리더십의 모델로 추앙을 받았다. 마카베오하(2:13)에 의하면, 그는 디아스포라에서 돌아와 예루살렘 제단에 '거룩한 불'을 회복시켰고 거룩한 책들을 보관하는 장서각을 세웠다고 한다. 느헤미야 8장에 그가 백성들 앞에서 모세의 율법을 읽고 설명하는 장면은 이후 회당 예배의 모델로 굳혀졌다.

중간기 지혜 문헌인 '집회서'(Sirach) 또한 조상을 기리는 시편에서 스룹바벨과 예수아에 이어 느헤미야를 언급하면서(49:15) 그의 대표적인 공적인 예루살렘 성벽 재건 활동을 칭송한다. 유대교 랍비 문헌에서는 느헤미야를 스룹바벨과 동일인으로 인식하면서 스룹바벨을 느헤미야의 별칭으로 보기도 했으나 이는 단순 착오로 판단된다. 같은 전승에 의하면, 그는 바벨론에서 태어났으며 자신을 자랑하는 듯한 언사와 선임자들을 비하하는 논조(느 5:9, 13:31)

등을 근거로 비난의 대상이 되기도 했다.

느헤미야의 리더십을 성서 내적인 관점에서 긍정적으로 조명하는 복음주의에서는, 그가 오늘날 기독교 공동체의 난제를 해결하는 개혁자 모델로 긍정 평가되어야 한다는 시각이 강하다. 요컨대 그가 애국애족의 열정이 대단한 기도의 사람이었고 경건한 신앙의 힘으로 큰 비전을 품고 위기의 민족 공동체를 구원한 인물이었다는 것이다. 그뿐 아니라 그는 탁월한 행정가와 조직가로서 난국에 처한 예루살렘의 지리멸렬한 백성들을 하나님의 말씀으로 결속하여 이방의 부정한 종교에 물든 공동체를 정결하게 회복하고 개혁하는 탁월한 공을 세웠다는 평가도 동일한 관점에서 이어진다. 요컨대 신앙 개혁을 사회정치적·경제적 개혁과 연동시켜 크게 성공했다는 관점의 해석이다.

반면 역사비평적 관점에서 느헤미야의 개혁 정책을 혼란과 실패의 결과로 평가하는 견해도 상당하다. 느헤미야가 예후드의 속주 총독으로 임명되었을 당시 그의 세력은 주변 경쟁 속주들과 비교해 열악했고, 성벽 공사를 통해 등장한 대적들과 부대끼면서 정결법을 시행함으로써 이미 유대계로 편입돼 있던 이들을 오히려 배척함으로써 페르시아를 중심으로 하는 평화 체제인 팍스 페르시카(Pax Persica)의 균형과 질서를 혼란스럽게 하는 결과를 가져왔다는 것이다. 특히 정결법을 유대 중심주의의 배타적 종교 이데올로기로 변질시킨 나머지 타자화의 권력 담론을 이용하여 펼친 분리 정책이 냉정한 비판의 대상이 된다. 가령, 이미 유대계로 편입되어 공생하던 사마리아계·암몬계 유대인들을 철저히 배제하는 분리·분열 정책은 이후 산발랏과 도비야 후손들이 영속적으로 명맥을 유지하며 번성한 것으로 미루어 보건대 그 자체로 이미 실패한 정책이었다는 것이다. 그것을 실패라고 보는 것은 이후 페르시아를 거쳐 로마 시대에 이르는 장구한 역사적 흐름 속에 그들 가문이 독립적인 정치 구성체로 존속했고 유대 중심주의의 개혁 결과 그 영토와 정치적 영향력은 고작 예루살렘과 그 주변으로 축소되었기 때문이다.

발군의 리더십을 보인 인물

아마도 역사적 진실은 이 중간 어디쯤 있을 것이다. 무엇보다 한 체제를 허물어 버리긴 쉽지만 허물어진 것을 다시 세워 공동체의 생존 기반인 기본 공간으로 '성벽'을 재건한다는 것은 누가 어떤 상황에서 떠맡아도 힘겨운 과업이다. 느헤미야는 일단 그 일을 성공적으로 수행했다. 반대파들과의 명분 싸움과 세력 다툼, 이해관계의 복잡한 속내야 어느 시대, 어느 집단들 간에도 있는 현실이지만큼, 그 가운데서 자신과 함께한 일부라도 단합시켜 선조들의 망한 터전을 다시 시작할 근거지로 확보해 주었다는 점에서 그는 발군의 리더십을 발휘한 셈이다. 그 리더십이 범상치 않은 것은 그가 백성들 앞에서 기도와 철저한 준비로 솔선수범하면서 그들을 하나님의 말씀으로 설득할 줄 알았기 때문이며, 나아가 그 영적인 권위가 총독으로서의 정치적 행정 권력과 결합하면서 막강한 실천적 역량으로 증강될 수 있었기 때문이다. 그 와중에 반대 세력과의 갈등과 투쟁은 피할 수 없는 현실이었다. 다만 그가 일단 자기 시대에 한해서는 음모와 방해 공작으로 점철된 싸움도 이겨 냈다는 게 중요하다.

유대인 남성과 비유대인 여성이 결합한 혼인 관계를 강제로 해체한 것은 신약 시대의 관점, 나아가 오늘날의 관점에서 무리한 강압적인 처사인 것이 사실이다. 하지만 당대적 맥락에서 혼인 관계로 말미암은 종교적 혼합주의를 피할 수 없었던 현실을 고려할 때 강력한 혁신이 필요하던 시대정신에 부응하여 불가피한 측면이 있지 않았을까 싶다.

15

에스더

공동체적 미인의 운명

시대가 영웅을 만든다는 말이 있고, 이 말은 꽤 많은 역사적 선례로 검증되곤 했다. 가령 임진왜란이 이순신 장군 같은 영웅의 존재 가치를 드높였듯이, 성서의 역사 가운데 가장 절망적인 시기인 바벨론 포로기에도 민족을 위기에서 구하며 돌파구를 낸 영웅들이 출현했다. 바벨론 통치 시대에 남성 영웅 다니엘이 그 해몽 실력과 금욕적 경건, 담대한 믿음으로 포로기의 동족들에게 희망을 주었다면,

여성 영웅 에스더는 자신의 미모와 지략으로 바벨론 멸망 이후 등장한 페르시아 시대에 몰살의 위기에 처한 동족을 구원해 내는 기지를 발휘해 디아스포라 유다 사람들에게 큰 용기를 주었다.

역사의 해프닝 속에 공적 무대로

에스더서의 기록에 의하면 에스더는 부친 아비하일의 딸로 일찍이 부모를 여읜 전쟁고아가 되어 삼촌 모르드개의 슬하에서 딸과 같이 양육 받으며 자랐다. 충분히 성장하여 여성성이 피어날 무렵 그녀는 "용모가 곱고 아리따운 처녀"(에 1:7)였다고 묘사된다. 그녀의 특출한 미모와 덕성은 순전히 개인의 몫이지만, 당시 휘몰아치던 정국의 상황은 포로로 끌려간 디아스포라 유다 사람들에게 닥친 절체절명의 위기 상황 속에 공동체적 구원의 힘으로 쓰임 받아야 할 운명이었다.

그 위기는 공동체 안과 밖에서 불거진 사소한 해프닝으로 소급된다. 바깥의 사건은 당시 페르시아의 아하수에로, 곧 역사 기록상 크세르크세스 1세로 알려진 제국의 황제가 호사스러운 연회를 베풀어 실컷 마시고 즐기다 주흥이 올라 왕후 와스디를 연회에 참석한 신하들과 백성들 앞에서 뽐내고 싶어 초청한 것이 발단이었다. 무슨 이유에서

였는지 왕후 와스디는 내시가 전한 왕명을 따르길 싫어하여 그 요청을 거부했다. 아마도 자신이 왕의 전시용 소모품으로 사람들 앞에 이용되는 것이 자존심 상하고 내심 불쾌했을지 모른다. 이에 왕은 진노했고, 주변의 관료들은 진노 어린 왕의 심기를 살피며 왕후의 패역한 모습은 나라의 다른 귀부인들까지 오염시켜 남편의 말을 무시하는 등의 악영향을 줄 위험이 있으니 가부장주의적 권위를 행사하여 일벌백계하는 것이 좋겠다고 제안했다. 순간의 선택이 평생을 좌우하는 어처구니없는 이치대로, 그 결과 왕후 와스디는 즉각 폐위되었다.

또 한 가지 공동체 안의 해프닝은, 에스더의 삼촌 모르드개가 왕을 시해하려는 두 내시 빅단과 데레스의 역모를 사전에 고변하여 공을 세웠는데 그 사실이 궁중일기에 기록되었을 뿐 구체적인 포상은 이뤄지지 못한 채 흐지부지 잊혀 갈 즈음, 아각 족속 곧 아말렉 출신의 고위 관료 하만 앞에 모르드개가 무릎 꿇어 절하지 않은 것으로 인해 하만이 매우 분노한 일이었다. 모르드개는 비록 포로로 끌려와 이방인으로 살아왔지만 아마도 자기 옛 조상을 괴롭힌 아말렉 사람의 권력 앞에 굴종하는 것이 싫었거나 인산 앞에 지나치게 저자세로 절함으로써 우상숭배의 계명을 위반할 위험이 있다고 판단했을 가능성이 있다. 이로 인해 하만의 분노는 모르드개를 처단하는 데 그치지 않고 그가 속한 모든 유다 사람들을 몰살하려는 위험한 음모를 꾸미게 된다. 이렇듯 아하수에로 왕의 사적인 분노와 하만의 사적인 분노가 동기를 부여한 해프닝 가운데 조용히 살던 에스더가 공적인 역사 무대에 중대한 사명을 품고 등장하기에 이른 것이다.

민족 말살의 위기에서 구원의 경험으로

와스디 왕후 폐위 이후 새로운 왕비를 뽑으려는 준비 과정에서 모르드개의 주도면밀한 지략에 따라 에스더도 수산궁에 궁녀로 들어가 1년간 왕을 섬길 준비를 위해 자기 몸을 정결하게 단장하는 일을 비롯해 궁중 법도를 익히던 차였다. 당시 궁녀 훈련 주관자인 내시 헤개의 수하에서 그녀는 사치스러운 몸치장을 사양하고 비교적 검박한 행실로 주변 사람들의 사랑을 받는 데 성공한다. 마침내 후궁에서의 훈련 기간을 마치고 왕궁에 들어간 에스더는 다른 여자들보다 출중한 모습으로 왕의 관심을 독차지하여 왕후로 선택되는 성은을 입었고, 왕은 새 왕후 에스더를 위해 연거푸 성대한 잔치를 베풀었다. 그러나 에스더는 그 성은을 여유 있게 즐기고 누릴 틈도 없이 하만의 계략에 모르드개와 함께 대응해야 하는 절박한 상황 속으로 내

던져졌다. 에스더가 왕후로 뽑혀 잔치가 벌어지는 왕궁의 표면적 서사 배후에서 하만이 모르드개에 대한 원한으로 유다 민족 전체를 몰살하기 위한 모략을 꾸미던 중이었다. 하만은 아하수에로 왕에게 한 민족이 왕의 법률을 지키지 않는다는 모호한 혐의를 뒤집어씌워 그들을 처단하고 재산을 몰수해도 좋다는 윤허를 받아 내는 등 급박한 민족 몰살의 음모를 진행하고 있었던 것이다.

이에 모르드개는 자신의 옷을 찢고 굵은 베옷을 입고 재를 뒤집어쓰고 성중에 나가서 애통하며 금식했고, 유다 사람들도 그의 이 공동체적 탄식에 동참했다. 모르드개와 에스더의 소통 과정에서 모르드개는 에스더가 왕에게 나아가 당면한 민족 공동체의 진멸 위기를 폭로하여 도와줄 것을 청했고, 매사 순종적이었던 에스더는 왕이 금 규를 내밀어 허락하지 않았는데 왕에게 나아가면 자신도 죽을 수 있다는 두려움 속에 소극적으로 응대한다. 그러자 모르드개가 더 가열차게 에스더를 몰아세우면서 민족적 공멸의 위기 상황에서 혼자만 살겠다는 처신의 문제를 지적하자 마침내 에스더는 결단한다. "네가 왕후의 자리를 얻은 것이 이 때를 위함이 아닌지 누가 알겠느냐"(에 4:14)라는 모르드개의 절박한 요청에 응해 에스더는 수산의 유다 동족들이 함께 금식해 줄 것을 요구하면서 자신이 "규례를 어기고 왕에게 나아가리니 죽으면 죽으리이다"(에 4:16)라는 결의로 응답한 것이다.

그 양동 작전에 따라 에스더는 아하수에로 왕에게 접근하여 그의 환심을 사는 데 성공했다. 이즈음 왕은 불면의 시간을 보내던 중 우연히 읽은 궁중일기에서 모르드개가 역모를 고변하여 자신의 목숨을 구해 준 이전 사건의 진상을 확인하게 되었다. 이러한 사정에 감감했던 하만은 모르드개 일당을 신속히 처단할 수 있으리라 했던 성급한 기대가 왕의 명령으로 순식간 무너지는 것을 경험했다. 또한 유다 사람들을 진멸하려는 자신의 음모가 탄로 나서 모르드개를 매달아 죽이려던 처형대에 자신이 매달려 죽게 되는 전복적 사태가 발생했다.

이와 함께 먼저 내린 왕의 조서를 철회할 수 없게 되자 왕은 또 다른 조서를 내려 유다 사람들이 스스로 무력을 조직하여 자신들을 해치려는 자들에게 적극적으로 대항할 수 있게 했다. 나아가 왕은 그들 민족을 적대하던 이들을 처단할 수 있도록 조치함으로써 유다인들은 자신들의 몰살 계획에 동조한 수많은 적들을 무찌르고 디아스포라 유다인 공동체의 생명을 보호하여 안정된 생존을 도모할 수 있게 되었다. 이것이 유다 사람의 명절 부림절(Purim)의 기원이 되었는데, 이 명칭은 하만이 제비를 뽑아 아달월을 거사 시기로 잡았다고 해서 '제비'라는 뜻의 '부르'에서 유래된 것으로 보인다(에 3:7).

에스더서의 역사적 진실

에스더의 영웅적 투쟁기를 기록한 책은 기승전결의 구조가 짜임새 있고 곳곳에 문학적 복선이 풍성하여, 디아스포라 유다 사람들에게 희망과 용기를 불러일으키기 위해 창작한 영웅전 형식의 문학 작품으로 보려는 경향이 학계에 다수 의견으로 강한 편이다. 그러나 사건의 세목을 뜯어보면 등장인물이 다양하고 그들의 실명을 꼼꼼히 기록한 점에 근거하여, 실제로 발생했던 역사적 기록으로 보는 관점도 여전히 존재한다.

역사 기록으로 보는 데 비평적인 관점에서는 통상적으로 당시 페르시아 황제들이 왕비를 일곱 귀족 가문 출신 중에서 뽑은 사실을 근거로 내세운다. 따라서 유다 왕국의 포로민 출신인 에스더가 왕비가 될 가능성은 역사적 사실로 가능성이 적다고 판단하는 것이다. 실제로 아하수에로 왕을 크세르크세스 1세(주전 586-465)로 간주할 때 그의 왕비는 아메스트리스라는 역사 기록이 확연하므로 에스더 왕비설은 더욱 평가절하된다. 그럼에도 당시 황제가 정실 왕비뿐 아니라 여러 후궁을 두는 것이 관례였기에 에스더가 그러한 범주에 해당할 가능성도 배제하기 어렵다. 에스더서를 문학적 창작물로 보는 관점의 또 다른 일각에서는 부림절의 어원인 '부르'가 바벨론 어휘인 점을 감안하여, 이 이야기의 기원이 바벨론 신화나 종교 제의에 뿌리를 두고 있으며, 따라서 모르드개와 에스더가 거기서 숭배되던 신 마르둑와 이쉬타르를 유비적으로 가리키는 캐릭터라는 해석도 있다.

분명한 점은 에스더가 페르시아 시대에 그 땅에 살아간 디아스포라 유다 사람들에게 힘과 용기를 준 여걸로 그들의 기억 속에 전승되었다는 사실이다. 근대 이후 이란에 거주하는 유대인들은 자신들이 에스더의 후예라는 믿음이 있었고 지금도 이란의 하마단에는 언제 만들어졌는지 불분명하나 에스더와 모르드개의 무덤이 남아 있다. 특히 민족의 구원자로 에스더는 그들 가운데 신성시되어, 그녀에게 기도하면 기적이 일어나고 효험을 본다는 믿음이 생기며 종교 제의적 숭배 대상으로 추앙되기도 했다. 에스더에 대한 전승 속에 생겨난 자연스러운 종교 현상이지만, 이 또한 에스더서에 기록된 그녀의 미모와 품성, 용기와 지조, 동족을 위해 목숨을 건 결기 어린 선택 등 온갖 미덕이 그들 후손의 기억 속에 작용했기에 가능했을 것이다.

개인의 자질과 공동체의 운명이 만날 때

한 개인의 특별한 여성성과 미모는 개인의 매력을 극대화하여 자신의 상품적 가치를 높이고 상업적 이익을 보장하는 밑천이 되기도 하고 권력을 쟁취하여 그 권력으로 화려한 일생을 장식하는 자산으로 활용되기도 한다. 그러나 혼란으로 소용돌이치는 역사의 위기 상황 가운데 어떤 개인의 그러한 특출한 장점은 지략과 결합하여 공생애의 사명을 이루는 희생적 가치로 유통되는 경우가 있다. 이른바 '미인계'라는 미명 아래 물불 가리지 않고 투신하여 활약한 역사 속의 숱한 여성 스파이나 소수의 예외적인 권력자들이 그러한 대표적인 사례라고 할 수 있다. 에스더 역시 고아로 자라나 민족 공동체의 멸절 위기 상황에 투신하여 동족을 구원하는 데 자신을 용기 있게 헌신한 인물로 영웅적인 면모가 있다.

그러나 이러한 공헌은 그녀의 아리따운 용모만으로 가능하지 않았고 삼촌 모르드개와의 끈끈한 신뢰와 연대 관계, 나아가 생사의 기로에서 한마음으로 단결한 동족 공동체의 협력을 통해 비로소 빛을 발할 수 있었다. 더구나 에스더가 왕비로 뽑히는 준비 과정과 왕비가 되어 활약하는 과정, 연이어 하만의 계략을 타파하고 구원의 승리를 쟁취한 이후의 삶 속에 어떤 사사로운 부귀공명의 유혹에 휘둘려 사치하고 방탕했다는 기록이 없다. 오히려 반대로 그녀는 검소하고 조신했으며 지혜롭고 용감했다. 그런 그녀의 일대기는 한 여성의 미모가 생존 위기에 처한 공동체의 운명과 결합할 때 어떤 창조적 힘으로 작용해 주어진 상황을 돌파하고 구원에 걸맞은 역사를 개척하는가 하는 질문을 던진다.

신약성서의
인물들

John the Baptist Mary Paul
Titus Timothy Barnabas James
Peter John Stephen Philip Mark
Mary Magdalene Phoebe
Priscilla Aquila Epaphroditus
Euodias Syntyche Clement

1

세례 요한

고독한 광야의 예언자

세례 요한이란 이름은 예수의 탄생과 활동을 언급하기 전 그 예비적인 복선처럼 언급되는 경향이 있다. 아울러 세례 요한과 예수가 친척지간이었으며, 세례 요한이 행한 물세례와 예수가 행하리라고 예언한 불·성령 세례가 대조적인 관계 속에 비교되기도 한다. 최근의 한 연구에 의하면, 예수와 세례 요한이 다윗 왕조의 회복을 위해 요단강의 남과 북에서 제사장적 메시아와 왕적 메시아의 표상으로 양동 작전을 펼치며 메시아 운동을 전개한 것으로 해석되기도 한다. 물론 나로서는 냉큼 동의하기 어려운 주장이다. 그런가 하면 신약성서를 역사비평적으로 연구하는 상당수 학자들은 복음서의 행간에 깔린 여러 신학적 복선을 깊이 해석하여, 세례 요한과 예수의 관계를 영적 멘토-멘티로서의 스승과 제자, 묵시적 종말 신앙을 공유한 선배와 후배 활동가의 관계로 과감하게 재해석하기도 한다. 이러한 관점의 해석은 예수가 세례 요한에게서 세례를 받았다는 사실을 당대의 종교사적 맥락에서 파악한 결과다. 실제로 공관복음서는 세례 요한의 입을 통해 자신이 예수의 신발끈을 맬 자격도 없다는 겸양한 말로써, 요한복음은 그 세례의 의미를 축소하는 저자의 편집 작업으로써 각기 세례 요한과 예수 사이에 세례를 주고받은 관계를 불편하게 여긴 흔적을 엿볼 수 있다. 상기 해석은 이러한 배경과 정황을 비평적으로 재구성하여 추론한 것이다.

다시 강림한 엘리야의 현신

역사 속의 문제적 인물로서 세례 요한에 대한 제반 정보는 대체로 복음서와 당대의 유대인 역사가 요세푸스의 기록을 통해 제공된다. 복음서의 기록을 종합하면, 세례 요한은 레위 지파 제사장 가문에서 출생했다. 누가복음이 전하는 바에 의하면, 세례 요한은 늙은 부부 사가랴와 엘리사벳 사이에서 가브리엘 천사의 고지를 받아 잉태되고 태어난 사명자였다. 그가 천사를 통해 미리 받은 예고와 사명은 "그가 주 앞에 큰 자가 되며 포도주나 독한 술을 마시지 아니하며 모태로부터 성령의 충만함을 받아 이스라엘 자손을 주 곧 그들의 하나님께로 많이 돌아오게" 하리라는 것과 "그가 또 엘리야의 심령과 능력으로 주 앞에 먼저 와서 아버지의 마음을 자식에게, 거스르는 자를 의인의 슬기에 돌아오게 하고 주를 위하여 세운 백성을 준비하리라"는 것이었다(눅 1:15-17).

이 기록은 세례 요한과 엘리야를 연결시켜 조명한 최초의 기록이다. 아울러 이러한 사명은 일찍이 말라기 선지자를 통해 다시 오리라고 예언한 엘리야의 재림(Elijah redivivus) 신앙과도 결부된다. 그 엘리야의 현신이 바로 세례 요한이라는 점을 예수도 확인해 준 바 있다(마 17:12-13). 사실 세례 요한의 아버지 사가랴에게 천사가 고지한 사명도 말라기의 예언을 그대로 실현한 내용이었다(말 4:5-6). 심지어 항간에서는 예수도 다시 강림한 엘리야의 현신이라는 소문이 유포될 정도로 엘리야 재림 신앙은 당시 묵시적 종말 신앙의 분위기를 타고 유대인 사회에 꽤 광범위하게 유포되어 있었다.

세례 요한은 그 차림새를 보면 낙타털로 된 옷을 입고 허리에 가죽띠를 띠었으며 음식은 메뚜기와 석청을 먹은 것으로 묘사된다(막 1:6). 이는 세례 요한이 스스로 야인 같은 엘리야의 외양을 의식하여 엘리야 코스프레를 한 것인지, 외인들의 눈에 세례 요한이 그런 엘리야 같은 모습으로 연상된 것인지 알 수 없다. 그러나 그가 다시 강림한 엘리야의 현신이라는 복음서 저자의 관점에도 불구하고 세례 요한은 여러 면에서 엘리야와 다른 점이 있었다. 무엇보다 그는 엘리야처럼 선지자 생도를 모집하여 그들을 조직하고 단체로 훈련시키는 공동체적 활동을 추구하기보다 광야에서 예언의 목소리를 발하며 고독한 예언자로 살았다. 또한 그는 제사장 가문 출신으로 정결예법을 중시한 전통을 살려, 세례라는 제의 의식을 통해 이스라엘의 회복을 추동하는 대중 캠페인을 요단강 주변에서 대대적으로 전개했다. 이는 왕과 같은 권력자, 이방 종교 세력을 대적해 싸운 엘리야의 사역 스타일과 일정 부분 차이 나는 지점이다. 그러나 그것은 제사장들이 반복해서 수행한 정결예법이나 제의적 목욕과 달리 일회성 세례로서, 사람들이 하나님과 맺은 언약을 갱신하는 차원에서 회개를 요청하고 동시에 회개에 합당한 열매를 맺도록 동기를 부여하는 데 그 목적이 있었다.

복음서의 관점, 요세푸스의 시각

세례 요한이 외친 회개는 자신의 죄악을 감정적으로 뉘우치는 참회와 달리 자신의 인습적 관행 속에 몸에 밴 잘못된 삶의 습관을 발본색원하듯 교정하는 행위의 결단까지 요구했다. 그리하여 그는 회개의 방식을 묻는 군중에게 "옷 두 벌 있는 자는 옷 없는 자에게 나눠 줄 것이요 먹을 것이 있는 자도 그렇게 할 것"(눅 3:11)을 요청하며 과감한 나눔의 실천을 주문했다. 또 세리들에게는 "부과된 것 외에는 거두지 말라"고 명했고(눅 3:12-13), 군인들에게는 "사람에게서 강탈하지 말며 거짓으로 고발하지 말고 받는 급료를 족한 줄로 알라"고 잘못된 관행을 과감하게 시정할 것을 요구했다(눅 3:14). 그는 혈통상의 이스라엘이 취한 선민주의 신앙을 질타하며 나무뿌리에 놓인 도끼가 열매 맺지 못하는 나무를 찍어 불사르듯 허울뿐인 그들의 우월의식이 심판의 대상임을 역설했다. 그에게 중요한 기준은 삶을 통한 구체적인 회개의 열매였기 때문이다. 이와 같이 이스라엘을 왜곡된 가르침으로 잘못 선도한 당대의 종교지도자들, 특히 바리새인과 사두개인을 향해서 그는 '독사의 자식'이라는 독설을 퍼부으며 장차 다가올 하나님의 진노 어린 심판을 예고하기도 했다(마 3:7).

한편 역사가 요세푸스의 기록은 세례 요한을 당대의

가장 중요한 의인 중 한 사람으로 조명했다. 그가 역사 기록에 할애한 분량을 기준으로 보면 불과 한 문단 몇 줄로 소개한 예수보다 훨씬 더 많은 지면을 할애해서 그는 세례 요한의 당대적 위상과 인물됨을 후하게 평가했다. 그러나 헬레니즘 세계관과 사상에 침윤된 그의 관점으로 인해 요세푸스는 세례 요한을 종말론적 묵시주의 예언자보다는 헬레니즘의 보편적 덕성을 구현한 이상적 모델의 현자 또는 철학자로 보았다. 그 '덕'(aretē)이라는 것은 인간과 인간 사이의 수평적 관계에서 나타난 덕, 하나님과 인간 사이의 수직적 관계에서 드러난 경건의 덕을 포괄하는 개념인데, 세례 요한이 이러한 견지에서 모범적인 인물이었다는 것이다. 세례 요한이 베푼 세례의 의미에 대해서도 요세푸스는 복음서의 관점과 달리, 영혼의 갱신과 함께 죄의 용서로 연결되는 성례 또는 회개의 열매를 요청하는 일회성 결단의 예식이라기보다는, 이미 정결해진 영혼을 전제로 몸을 씻는 정화 의식이라고 보았다.

세례 요한은 갈릴리 지역의 통치자인 헤롯 안티파스가 동생 빌립의 아내 헤로디아를 취하여 혼인한 부도덕을 비판한 것이 빌미가 되어 체포되었고, 감옥에 갇혀 있다가 헤롯이 자신의 생일잔치에 그를 위해 춤을 춘 헤로디아의 딸 살로메에게 허풍스럽게 맹세한 한마디가 화근이 되어

목이 잘려 죽음을 맞은 것으로 복음서는 서술한다(마 14:1-12). 반면 요세푸스는 세례 요한의 설교 메시지가 군중들을 자극하고 선동하여 혹 그로 인해 자신의 권력을 위협하는 소요 사태가 일어날 것을 두려워한 나머지 헤롯이 다분히 정치적인 동기로 그를 제거한 것으로 설명한다. 어느 쪽이었든, 예수조차 '여우'라고 비난한 헤롯 안티파스의 정치적 교활함에 비추어 볼 때, 세례 요한 또한 그의 권력에 우호적이지 않은 메시지로 인해 피차 상극의 대결 국면을 피하기는 어려웠을 것이다.

예수의 사역을 선도하고 예비한 인생

예수는 세례 요한이 감옥에 갇혀 있을 때 자신의 메시아 됨에 대한 그의 의혹을 듣고 자신의 메시아 사역의 결실을 천명함으로써 자신으로 인해 실족하지 않는 자의 복에 대해 설파한 적이 있다(마 11:2-6). 이와 함께 예수는 세례 요한에 대해 여인이 낳은 자 중에 가장 큰 인물이라는 평가와 함께 예수의 메시아 사역으로 개창한 새 시대의 새 언약과 천국이란 관점에서는 지극히 작은 자라도 세례 요한보다 큰 자라는 다소 모호한 이중적인 평가를 남겼다(마 11:11).

세례 요한의 길과 예수의 길은 분명 다른 구석이 있었

다. 세례 요한이 자주 금식하길 선호한 금욕주의자 유형에 가까웠던 반면, 예수는 먹을 것을 탐하는 자와 술꾼, 죄인들의 친구라는 오명을 뒤집어쓸 만큼, 먹고 마시는 잔치 분위기의 개방된 식탁 교제를 즐긴 향유주의자 유형에 가깝다. 그러나 그 둘은 "회개하라. 천국이 가까이 왔느니라"(마 3:2, 4:17)라는 종말론적 메시지를 앞서거니 뒤서거니 외치면서 함께 연대했다. 나아가 예수는 "세례 요한의 때부터 지금까지 천국은 침노를 당하나니[폭력에 의해 침탈을 당한다]"(마 11:12)라는 어록을 통해 무도한 권력으로 폭력이 횡행하는 당시의 시대 인식을 공유했다. 세례 요한이 고독한 광야의 예언자로 의로운 하나님의 메시지를 발하다가 참수를 당한 뒤 얼마 지나지 않아 예수 또한 그의 하나님 나라 운동에 위협을 받은 당대의 권력자들의 핍박을 받아 십자가에 달려 처형됨으로써 의로운 죽음, 고귀한 죽음의 대열에 합류했다. 이렇듯 세례 요한은 그 탄생뿐 아니라 하나님 나라를 위한 공생애의 시작과 끝에서도 예수의 사역을 한발 앞서서 선도하며 그 예비적 복선을 깔고 용맹무쌍하게 활약한 시대의 선각자이자 영웅적인 지도자였다.

2

예수의 모친 마리아

성모의 역사적 진실

수사학적 함정을 무릅쓰고 간단히 말하면, 예수의 어머니 마리아는 가톨릭교회에서 가장 과대평가되고 개신교회에서 가장 과소평가되는 인물이라고 할 수 있다. "그는 성령으로 잉태되어 동정녀 마리아에게서 나시고……." 사도신경의 이 신조 한 구절은 본디오 빌라도와 함께 존엄한 신성 옆에 나란히 등장하여, (빌라도가 포악무도한 악함의 표상으로 각인된데 반해) 지고지순한 선함의 표상으로 신자들의 머릿

속에 각인되어 온 듯하다. 그 과정에서 마리아는 예수 출산 이후 야고보와 유다 등 동생들을 여럿 임신하고 출산한 경험이 있음에도 불구하고 평생을 동정녀 신분을 유지한 것으로 믿게끔 또 다른 부차적인 교리가 양산되었다. 이것은 오늘날 과학적인 지식으로 미루어 도저히 수용하기 어려운 믿음인데, 믿고 싶고 믿고자 하는 욕구와 의지대로 사람들에게 희망 사항 차원에서 그렇게 받아들여졌다. 하나님이 아버지라면 그의 부성 또는 남성성과 함께 하나님의 모성 또는 여성성을 대표하는 신적인 위격이 필요하다 싶었을 것이다. 마침 하나님의 독생자 아들로서 신성을 지닌 예수 그리스도를 잉태한 여성이 매우 특별한지라, 그녀는 곧 '신을 잉태한 자'(theotokos)로서 예외적인 후광을 입어 특별한 신학적 논의의 대상으로 부각되었다. 그 일련의 신학 교리적 영역을 '마리아론'(Mariology)이라 칭한다.

신격에 준하는 특별한 존재

이 마리아론은 원죄론과 부대껴 또 다른 교리를 낳았다. 이 세상에 하나님의 절대 기준으로 '의인이 하나도 없다'는 교리적 선언은 원죄 교리를 정초하는 데 적절한 성서 구절이었다. 그렇다면 인간으로 태어난 마리아도 그 규정에 예외가 될 수 없고, 다만 그리스도 예수를 통해 하나님의 은혜 속에 오로지 믿음으로 말미암아 의롭다 여김을 받아 구원을 얻을 수 있다는 신학적 논리가 산출된다. 그러나 가톨릭교회는 마리아에게 이 규정을 예외로 만들어 주었다. 마리아가 성령으로 말미암아 예수를 잉태한 순간 그리스도의 영이 그녀의 몸속으로 들어가 그녀의 모든 원죄를 없는 것처럼 만들어 주었다고 믿은 것이다. 이것이 마리아론에서 말하는 이른바 '무염수태설' 또는 '무염시태설'이라는 교리다. 예수를 잉태함으로써 마리아의 육신은 원죄와 아무런 상관이 없게 되었다는 것이고, 이러한 추세에 발맞추어 그녀는 여느 인간과 달리 신격에 준하는 특별한 대상으로 신화화된 것이다.

이와 함께 마리아론에서 성모 마리아를 특별한 인물로 만들어 주는 또 한 가지 교리는 '성모승천설'이다. 이는 마리아가 죽은 뒤 그 영혼과 육신이 하나님의 은총 가운데 영광스럽게 하늘로 승천했다는 믿음이다. 이는 1950년 교황 비오 12세가 교황무류성(교황의 칙령은 성령의 특별한 은총 가운데 내려지는 것이므로 오류가 없다는 교설)과 함께 선포함으로써 가톨릭 신자들이 믿을 만한 교리로 인정되었다. 그러나 마리아의 승천은 하나님의 신성을 지닌 예수께서 부활하신 뒤 자력으로 승천한 것과 달리 신적 영광을 떨치며 스스로 승천한 것이 아니라 보통 인간으로 하나님의 부르심을 받아 들어 올림을 받았다고 몽소승천(蒙召昇天) 또는 피승천(被昇天)이라고 구별하여 칭한다. 물론 마리아의 승천 이야기는 신약성서에 나오지 않는다. 다만 교황 요한 바오르 2세는 2004년 8월 15일 성모승천축일 강론을 통해 요한복음 14장 3절의 다음 구절을 그 간접 근거로 제시한 바 있다. "내가 가서 너희가 있을 곳을 마련하면, 다시 와서 너희를 데려다가, 내가 있는 곳에 너희도 함께 있게 하겠다"(새번역). 마리아의 승천은 예수의 이 약속을 보증하는 근거이면서 동시에 신자들이 장차 예수처럼 부활하여 승천하리라는 희망의 선례라는 것이다. 오늘날 8월 15일로 지정된 성모승천축일은 가톨릭교회의 중요한 축제일로서 유럽과 남미 각지의 가톨릭 국가에서 중요한 교회 행사로 성대하게 치러진다. 한편 이와 달리 동방정교에서는 성모의 죽음 이후 그의 시신이 사라졌다는 전승에 의지하여 승천 교리 대신 성모가 안식에 들었다는 믿음을 견지한다. 개신교는 물론 이 모든 교설을 인정하지 않는다.

특별하지 않은 비천한 여성

이러한 고중세 교회사의 전승이나 교설과 별도로 신약성서의 제반 증거를 취합하여 예수의 모친 마리아의 일대기를 재구성해 보면, 절대로 정확하거나 풍성하지 않더라도 신화화한 마리아론의 범주를 넘어 비교적 역사적 진실에 근접할 수 있지 않을까 싶다.

복음서, 특히 마태복음과 누가복음에서 마리아가 등장하는 첫 대목은 예수를 잉태한 여인으로서다. 천사의 방문과 함께 그녀는 성령으로 자신이 한 아이를 잉태할 것이고 그 이름이 예수(임마누엘)라는 전갈을 받는데, 하나님의 특별한 그릇으로 택정되었다는 사실로 인해 그녀는 당혹스러워한다. 그녀가 이미 요셉과 정혼한 상태였기에 그 소식을 들은 요셉은 더 당황했을 터인데, 정혼 관계를 정리하려고 했으나 천사의 개입으로 그냥 아이를 낳게 되었다는 이야기가 이어진다.

특별한 신적 소명을 받고 신의 자손으로 태어나는 걸출한 인물은 그 태생부터 특별하다는 인식 아래 각종 기이한 출생 설화가 고대 사회에 만들어졌는데, 종교사 비평의 관점에서는 예수의 이 성령 잉태설도 고대의 그러한 신화적 세계관 가운데 만들어진 것으로 보기도 한다. 가령 곰이 인간으로 변한 웅녀와 천신 환인의 서자 환웅이 그녀와 혼인하여 단군을 낳았다는 설화, 물의 신 하백의 딸 유화부인에게 햇빛이 나타나 그녀의 목덜미와 배를 자극하며 계속 그녀의 몸을 따라다니더니 그녀가 잉태하여 커다란 알을 낳았고 그 알에서 고구려를 세운 주몽이 태어났다는 설화, 마찬가지로 빛을 뿜는 알에서 태어났다는 박혁거세 설화, 그 밖에 유사한 서양의 초자연적 탄생 설화들을 그러한 맥락에서 비교, 분석한다.

그런데 마리아가 예수를 잉태하고 불렀다는 마리아의 찬가(Magnificat)를 분석해 보면, 그녀는 신의 아들을 잉태할 만한 지상의 조건이나 자격을 갖춘 특별한 여인이 아니었던 것 같다. 아이를 낳지 못해 산당에서 하나님께 탄원했다는 사무엘의 모친 한나의 기도를 연상시키는 이 찬가(눅 1:46-55)에서 마리아는 자신을 '비천한 여종'으로 묘사하면서, 당시 로마의 식민 체제 하에 수탈당하고 핍박받던 민중, 그 신음 속에서 하나님의 신원을 고대하던 다수 백성의 탄식과 희망을 담보하는 사회적 기억의 메시지를 타전한다.

고난과 역경을 감내한 인생

그녀의 신분은 낮았고 어린 나이에 자신보다 꽤 연장자인 요셉의 가문에 시집갔을 것이다. 요셉은 장인 계급 출신에 기술을 가진 자로서 가솔의 생계를 담당할 만한 사회경제적 수준은 되었을 터지만, 그가 일찍 죽자 장자인 예수가 모친과 동생들을 먹여 살리기 위해 일찌감치 아버지의 가업을 계승해 물려받은 기술로 노동 현장에 뛰어들었을 것이다.

요셉이 세상을 뜨기 전 예수의 모친 마리아가 등장하는 복음서 자료는 아들 예수의 성장 과정에서 어린 나이에 성전을 방문했다가 돌아가는 길에 겪은 이야기가 유일하다. 행인들의 인파 속에 예수를 잃어버린 부모는 다시 성전으로 돌아가 예수를 찾고 그가 거기에서 유대교의 종교 지도자들과 대화를 하던 장면을 누가복음의 저자는 포착한다(눅 2:41-47). 거기서 소년에게 부모는 그들의 근심을 이야기했고, 예수는 이미 메시아의 품격을 지닌 채 "내가 내 아버지 집에 있어야 될 줄을 알지 못하셨나이까"라고 당돌하게 반문하는데 부모는 그 말의 진의를 깨닫지 못했다고 한다. 그러나 모친 마리아가 예수의 이러한 말을 "마음에 두니라"(눅 2:51)라고 기록한 것으로 미루어 그녀는 예수의 미래에 대한 기대가 부친 요셉보다 더 컸을 것으로 짐작된다.

한편 마태복음은 예수가 아직 갓난아기였을 때 헤롯 대왕과 동방의 박사들(아마도 점성술사들) 간에 생긴 불신과 헤롯 대왕의 불안으로 인해 유아 학살이 벌어진 일과, 이로 인해 천사의 전갈로 부모가 아기 예수를 데리고 애굽으로 피신했다가 다시 돌아와 나사렛에 정착한 일화를 전한다(마 2:1-23). 마태복음의 이 일화는 유대교의 구원사적 역사 전통에 근거하여 마치 모세가 애굽에서 이스라엘 언약 백성을 이끌어 내어 해방시켰듯이, 예수 또한 자기 백성을 억압의 굴레에서 해방시켜 구원을 베풀어 주리라는 기대를 담아낸 신학적 패러다임이 적용한 결과로 보인다. 동시에 마리아의 입장에서 보면, 이러한 피난과 고행의 여정은 아기 예수를 분만하고 양육하는 과정이 불리하고 위험한 환경 속에서 갖은 고난과 역경을 감내하며 이루어진 것임을 암시한다.

시종일관 예수의 삶에 동행

예수의 전도양양한 미래에 대한 모친 마리아의 기대와 희망이 특심한 것이었다 할지라도 30세쯤 그가 더 이상 가족의 생계를 돌보지 않고 공생애의 여정을 위해 과감하게 출가한 사건은 모친과 형제들에게 적잖은 충격을 주고 불만의 소지를 남겼을 가능성이 크다. 그도 그럴 것이 복음서에 그 파문을 예감케 하는 구절들이 몇 군데 나오기 때문이다. 아마도 축귀 사역 등과 관련하여 '예수가 미쳤다'는 소문을 듣고 모친 마리아와 형제들이 예수를 찾아다녔다는 기록(막 3:21)과, 이에 대하여 "누가 어머니이며 동생들이냐"라는 예수의 냉정한 반응(막 3:33), 이후 혈통가족주의의 균열과 파탄을 선포한 그의 일부 어록(마 10:34-37,

눅 12:49-53), 요한복음에서 가족에 대한 예수의 불신을 드러낸 일부 암시적 구절(요 7:5, 10) 등은 예수의 공생애 출가 이후 예수와 가족들 간에 있었을 법한 불편한 감정과 불만의 현실을 반영한다. 그나마 예수의 사역 초기에 첫 표적을 행했던 이른바 가나의 혼인 잔치 현장(요 2:1-12)에서 모친 마리아가 하객을 대접하는 포도주가 떨어진 다급한 현실 가운데 예수의 도움을 청했을 때 보인 예수의 반응은 일견 퉁명스러운 어조에도 불구하고 비교적 호의적인 상황으로 봐줄 만하다.

마지막으로 복음서에서 마리아가 등장하는 대목은 예수의 수난과 죽음, 부활 사건의 현장에서다. 오로지 착한 일만 행한 큰아들이 끔찍한 누명을 쓰고 비참하게 죽는다는데 이를 외면할 어머니가 어디 있겠는가. 그런데 의아하게도 복음서는 이 대목에서 다소 혼란스러운 증언을 한다. 일단 복음서 중 가장 먼저 집필되었다는 마가복음에는 예수의 십자가 처형 현장 주변에 예수의 모친 마리아의 존재가 생략되거나 모호하게 처리되어 있다. 마가복음은 멀리서 십자가 처형 장면을 바라보는 여인들 목록에 "막달라 마리아와 또 작은 야고보와 요세의 어머니 마리아와 또 살로메"(막 15:40)를 언급한다. 부활 현장에서 언급되는 여인들 목록도 이와 비슷하게 "막달라 마리아와 야고보의 어머니 마리아와 또 살로메"(막 16:1)로 채워진다. 이보다 훨씬 더 예수의 모친 마리아에 대해 인색한 것은 누가복음인데, 그 현장 증인을 "갈릴리에서 예수와 함께 온 여자들"(눅 23:55, 49), "이 여자들"(눅 24:1)과 같이 익명으로 처리한다. 마태복음은 이보다 좀 더 명쾌하다. 거기서 저자는 그 여자들의 정체를 실명으로 밝히며 "막달라 마리아와 또 야고보와 요셉의 어머니 마리아와 또 세베대의 아들들의 어머니"(마 27:56)가 십자가 처형 현장을 지켜봤다고 자세히 전하지만 부활 현장은 "막달라 마리아와 다른 마리아"(마 27:61, 28:1)로 축약해 기록한다. 여기서 마태복음과 마가복음의 증거를 살려 세베대의 아들들의 어머니 마리아와 구별되는 "야고보와 요세[요셉]의 어머니 마리아"를 예수의 모친 마리아라고 볼 만한데(물론 그녀가 알패오의 아들들의 어머니라는 해석도 있) 그렇다면 왜 예수의 어머니 마리아라고 표현하지 않은 것인지 의문이 남는다.

이와 관련하여 가장 선명하고 호의적인 기록은 요한복음이 보여 준다. 요한복음 19장 25절은 예수의 십자가 '곁에'(멀리 떨어져 쳐다보고 있었던 게 아니라) "그 어머니와 이모와 글로바의 아내 마리아와 막달라 마리아"가 서 있었다고 증언한다. 또 동복음서는 연이어 아들 예수가 어머니 마리아와 사랑하는 익명의 제자(전통적으로 사도 요한과 동일시되는 제자)를 새로운 모자 관계로 엮어 주면서 대화했다는 기록까지 첨가한다(요 19:25-27). 사도행전의 기록에 의하면 예수의 리더십을 계승한 직계 혈통 가족 야고보가 예루살렘 교회의 수장으로 부상하고 예수의 모친 마리아도 그 가족 구성원으로서 나름대로 존중을 받으면서 초기 전도 사역에 합류한 것으로 추측된다. 그러다가 예루살렘의 기둥 사도들(야고보, 게바, 요한)의 삼두 체제 리더십이 해체되고 사도 요한이 예루살렘을 떠나 소아시아의 주도 에베소에 정착한 이래 마리아도 예수의 유언에 따라 예루살렘의 둘째 아들 야고보가 아닌 영적인 아들 요한을 따라 그곳에 정착하여 주후 60년경 이후 에베소에서 살다가 거기서 여생을 마친 것으로 교회사의 전승은 추론한다.

한 많은 여성, 어머니

이후 근세에 들어 독일 수녀 안나 가타리나 엠머릭이 꿈에 마리아가 살다 승천한 집을 보았다고 그 세부적인 모습을 공론화했다. 이어 1881년 아베 줄리앙 꾸예라는 프랑스 신부가 에베소에서 발견한 작은 건물이 그 환시 속에 본 집의 구조와 매우 흡사하다고 하여 이후 그곳을 성역화했다. 나아가 마리 드 망다 그랑시 수녀가 그곳에 기념 교회를 지으며 주변 지역을 복구, 보존, 관리하는 일을 꾸준히

하여 예수의 모친 마리아의 마지막 날에 대한 교회사의 전승이 특정한 지리적 공간 속에 편입되었다.

　이렇듯 마리아는 한편에서는 예수의 모친이라는 이유로 특별하게 성역화되어 성모의 존엄한 위격 속에 거의 신앙적 경배와 최고 중보자로 승화되었고, 다른 한편에서는 우상화를 조장한다는 이유로 부당하게 외면당하거나 폄하되기도 했다. 그러나 성서의 기록은 이러한 편향성과 무관하게 마리아의 일생을 단편적으로 보여 준다. 그녀는 곡절 많은 한 어린아이를 잉태해 낳아 양육했던 하층 계급 출신의 여성이고 어머니였다. 또 그 아들이 큰 뜻을 품고 공생애의 선한 일을 많이 하다가 정치범으로 억울하게 십자가에 처형당한 크나큰 고통과 슬픔을 평생 견뎌 내야 했던 여인이기도 했다. 그나마 예수의 부활 신앙과 더불어 왕성하게 전개된 기독교 신앙 운동 가운데 제자들과 그 현장을 함께하면서 얻게 된 후광 속에 그녀는 위로를 받으며 하나님을 의지해 살아간, 한 많은 여인이었다.

3

바울

전천후 개척 선교사

사도 바울의 위상을 한두 줄 문장으로 평가할 수 없듯이, 그의 위업을 한두 문단이나 페이지로 요약할 수 없다. 그도 그럴 것이 그는 실질적인 기독교의 창시자답게 팔레스타인에서 시작된 하나님 나라의 복음 운동을 세계화, 보편화시킨 일등 공신으로 가장 큰 공헌을 한 인물이었기 때문이다. 동시에 그는 끊임없이 달음박질하면서 그 변경을 개척해 나간 전천후 선교사이자 교회 조직가였고 그리스도를 본받아 그 의미의 반경을 만유를 향해 확장해 나간 명민한 신학자였다. 그러나 그의 신학자 됨은 오늘날 실내에서 관념의 자맥질 가운데 하나님을 묵상하며 글로 깔짝거리는 유형의 책상물림 신학자와는 차원이 다르다. 그는 과연 길 위의 신학자로 끊임없이 한 마을에서 다른 마을로 기동하며 사람을 만났고, 그들에게 복음을 전하되 각종 위협을 무릅쓰고 그리스도의 푯대를 향해 달려가길 멈추지 않았다. 요컨대 그는 그리스도의 복음을 위해 운명을 걸되 생의 마지막 호흡마저도 아끼지 않고 투여한 헌신적인 복음 전파자였다.

열정적인 바리새파에서 이방을 위한 빛으로

바울은 스스로 고백했듯이 바리새파 출신의 경건한 유대인으로 율법에 철저한 신앙을 고수해 왔다. 이는 그의 스승으로 사도행전에 소개되는 가말리엘이라는 걸출한 랍비 문하에서 수련 받은 유학 생활의 경험에서 다져진 신념의 발로였을 것이다. 애당초 갈릴리의 예수와 만난 적 없고 그리스도 신앙과 별 인연이 없던 그는 일찍이 부모를 따라 오늘날 터키의 남동 해안 노시인 다소(Tarsus)에서 디아스포라 세대의 유대인으로 자랐고, 이후 청소년 나이쯤 되어 예루살렘에 유학생 신분으로 율법 공부를 하러 간 것으로 보인다. 다소에서 성장기에 익힌 헬라어 사유 방식과 당시 세계 사조를 선도하던 헬레니즘 문명이 훗날 그의 보편주의 신학에 어떤 영향을 끼쳤을지는 그 지적 여정에 비추어 짐작할 수 있을 뿐이다. 그는 예루살렘의 바리새파 훈련을 통해 이 종파의 엄격한 신조에 따라 토라의 전통에 흠이 없는 정통 유대교의 법도를 추구했고 이에 어긋나는 종교적 흐름에 대해서는 가차 없는 정죄의 태도를 보였던 것 같다.

물론 당시 바울이 청년기에 지녔을 열정적인 혈기도 작용했겠으나, 그가 예수의 도를 따르는 신앙 세력을 발본색원하기로 작심하여 스데반의 투석 처형에 증인으로 나선 일은 훗날 그의 180도 방향 전환에 모종의 정신적 불씨로 작용했을 것이다. 이후 멀리 다메섹으로 원정하여 그리스도를 따르는 무리를 색출해 초토화하고자 한 것으로 보아, 그에게 바리새파의 유대교 신앙은 자신의 목숨을 걸 만큼 자부심의 원천이요 투철한 삶의 에너지였을 법하다. 그러던 그가 바리새적 유대교에서 기독교적 유대교로 전향한 것은, 다메섹 도상에서 만났다고 간증한 부활한 그리스도 체험에 연유한 바 컸을 것이다. 이 획기적인 자기 변신의 체험은 종교 세계에서 더러 발생하는 엑스터시 신비 체험의 일종이거니와 향후 바울의 공생애를 뒤집어 놓을 만큼 충격을 안겼던 게 분명하다. 이후 그는 자신이 절대적 가치로 신봉해 온 바리새파의 유대교 전통이 조상들이 물려준 신앙의 정통이 아니며 하나님이 말세에 인간 세계를 구원하러 보내 주신 메시아 예수의 복음에 대한 왜곡이며 오해임을 깨달았다. 이것이 바로 그가 예수를 핍박하는 자에서 예수를 전파하는 자로 뒤집어지게 된 내력이다. 이를 새로운 신앙으로 전향한 '회심'이라고 할 수도 있지만, 유대교라는 종교적 세계관 속에서 하나님이 자신을 이방의 빛으로 부르신 '소명'의 사건으로 보는 것이 더 적절하다.

유대인 기독교와 이방인 기독교 사이에서

이후 바울은 갈라디아서 1-2장에서 회고하듯 여러 복잡한 사건을 겪으면서 자신의 사도적 정체성을 형성해 나간 것으로 보인다. 부활하신 그리스도를 만난 바울은 바리새파 랍비를 찾아가 그 의미를 탐문하지 않았고, 먼저 사도 된 열두 사도가 모여 있던 예루살렘 교회의 권위에 의지해 자신의 계시를 해석해 달라고 부탁하지도 않았다. 그는 아무도 자신을 알아보지 못할, 오늘날 요르단 페트라 땅에 해당하는 아라비아로 가서 무인가를 했다. 그 '무엇'의 내용이 무엇이었는지 추가 설명이 없지만 아마도 자신이 접한 그리스도 복음의 의미를 궁리하고 묵상하면서 실험적으로 낯선 그곳의 사람들에게 그 복음을 전하지 않았을까 추론된다.

한 연구에 의하면, 그가 당시 다메섹에서 나바티아 왕국의 남쪽 아라비아로 내려왔다가 다시 북쪽 다메섹으로 돌아간 동선의 의미를 상징적으로 엘리야의 모델을 좇은 것으로 조명하기도 한다. 마치 그 옛날 새로운 시대를 열기 위한 예비적인 수순으로 엘리야 선지자가 아합과 이세벨에게 쫓겨 남쪽 호렙으로 사십 주야를 이동하여 하나님의 계시를 경험한 뒤 다시 북쪽으로 올라와 주도면밀한 기획 아래 이스라엘과 아람의 왕을 갈아 버렸듯이, 바울이 아라비아와 다메섹을 왕복 이동한 것 또한 자신의 이방인 선교 사역이 엘리야의 모델을 따라 새 역사를 이루기 위한 것임을 보여 주려는 의도적인 행위였다는 것이다. 바울이 예루살렘의 사도들을 처음 방문한 것은 그로부터 3년 후였고 거기서 그는 베드로와 주의 형제 야고보를 만나 15일간 교제했다. 이후 그는 안디옥 교회가 있던 수리아와 자신의 디아스포라 고향 다소가 위치한 길리기아 지방을 순회하며 복음을 전하면서 자신의 '반'그리스도 노선이 '친' 그리스도 노선으로 변한 모습을 보여 주었다.

예루살렘 공의회 참석은 그로부터 14년 후에 있던 일이었다. 그 전후로 바울은 유대인 기독교와 이방인 기독교 사이의 신학적 노선 차이로 할례의 복음과 은혜의 복음이 대립하는 갈등의 현장을 겪어 내야 했다. 이 사안은 예루살렘 공의회에서 공론화되어, 마침내 유대인과 이방인의 선교 강역을 분할하고 그 대표적 선교 지도자로 게바와 바울을 선임함으로써 일단락된 것으로 보인다. 예루살렘 교회의 경제적 가난을 돕기 위해 이방인 교회에서 그 성도들을 후원하는 모금 캠페인이 개시된 시점도 대강 이즈음과 맞물린다. 이때 바울은 바나바의 추천으로 안디옥 교회에 소개되어 복음을 강론하다가 이방인 세계로 파송받아 바나바와 함께 1차 선교 여행을 마치고 돌아와 향후의 선교 일정을 구상하던 시점이었다.

교회를 세우기 위한 부단한 노력

그러다 거기서 그는 전혀 예기치 않은 사건을 겪게 되었다. 어느 날 게바가 안디옥 교회를 방문하여 바나바도 동석한 자리에서 이방인 신자들과 함께 식사 교제를 나누던 중이었다. 그때 마침 예루살렘 교회의 수장인 야고보가 보낸 보수적인 유대인 신자들이 현장에 들이닥치자 유대인의 음식 규례에 예민한 입장이었을 그들을 의식한 게바와 바나바가 식사 자리를 뜨는 사태가 발생했다. 바울은 현장에서 이 두 지도자의 행태를 '위선'으로 규정했고 그들을 단호하게 책망하는 태도를 보였다. 아마도 이런 불편한 일들이 쌓여 바울은 게바와도 척을 지게 되고 바나바와도 헤어져 안디옥 교회의 정치적 간섭이나 후원과 전혀 무관한 독자적인 선교 노선을 걷게 되지 않았을까 짐작된다. 그 후로 바울은 실라, 디모데, 디도 등과 같은 새로운 선교 동역자를 만나 그들과 함께 소아시아를 넘어 멀리 마게도냐와 아가야 등지로 다니며 복음을 전파했는데, 이것이 기독교 복음이 유럽 땅으로 유입된 최초의 계기였다.

그렇게 해서 개척한 교회 중에 빌립보 교회, 데살로니가 교회, 고린도 교회 등이 대표적이다. 또한 바울은 소아시아의 에베소에 3년간 장기 체류하면서 두란노라는 복음학교를 세워 거기서 많은 제자를 양육하고 주변 지역에 파송하는 교육 사역과 목회 사역을 겸하기도 했다. 그는 이렇게 에베소와 고린도에 비교적 오래 머물면서 다른 교회들의 소식을 접하고 각 교회마다 봉착한 여러 문제를 적절히 분석하여 나름의 목회적·신학적 처방을 내려 해결사 노릇을 자임하기도 했다. 이 모든 내용과 증거는 그가 쓴 서신들에 반영되어 나타나는데, 유대교 회당 체제와는 다른 새로운 신앙 체계를 갖추고 그리스도의 복음에 합당한 신앙적 삶의 윤리와 규범을 세워 나가는 것이 그들 신생 교회에 급선무였던 터였다. 바울은 이 필요에 적극적으로 부응하면서 이른바 전천후 개척자로서 탁월한 리더십을 발휘했다.

가령, 데살로니가전·후서에서 그는 예수 재림의 기대와 긴박한 종말 신앙의 분위기에서 당면한 교회 안팎의 현실에 충실한 지혜로 균형을 잡아 주었고, 갈라디아서에서는 '할례의 복음'을 앞세워 교회의 신앙적 기초를 허물어 버리려는 유대주의자들의 수구 퇴행적 도전에 맞서 '성령의 자유'를 옹호하며 이신칭의 복음의 본질을 설파했다. 고린도전·후서에서는 추종하는 리더를 좇아 정치적으로 분열한 각 파당이 교회의 본질을 훼손하는 문제를 짚어 하나의 공동체가 되기를 권면했고, 교회가 당면한 안팎의 여러 문제에 해법을 제시하거나 이견을 조율하면서 그리스도의 몸으로서 교회를 견실한 공동체로 세워 나가도록 힘썼다. 게다가 자신의 사도적 정체성을 폄훼하려는 교회 내 일부 세력을 향해서는 부드럽게 권고하거나 강하게 질책하는 당근과 채찍의 수사학적 전략으로 자신의 사도 리더십을 굳게 확립하고 상호 간의 신앙적 의리를 회복하고자 애쓴 흔적이 역력하다.

나아가 로마서를 통해서는 당시 자생적으로 생겨난 이방인 교회의 상징적인 위상을 지닌 이 교회의 후원을 받아 장차 로마 제국 서편의 서바나(스페인) 땅 끝까지 이르러 복음을 전파하고자 하는 열정적인 비전을 토로하고 자신이 그간 전파해 온 복음을 체계적으로 정리하여 '신학적 유언'의 형식으로 남겼다. 또한 그는 일종의 유고 서신으로 빌립보서를 써 보내어, 로마의 감옥에 유폐된 자기에게 빌립보 교인들이 에바브로디도 편에 보내 준 후원금에 감사를 표하고, 그들을 기도와 간구로 돌보는 심사 가운데 '고난의 코이노니아'를 기뻐하는 신앙적 역설과 더불어 자신의 마지막이 임박한 듯한 종말의 정서를 타전했다.

그리스도의 복음을 만천하에

바울 사도는 그렇게도 바라던 서바나 선교의 꿈을 끝내 이루지 못한 채 로마에서 죽음을 맞이했던 것 같다. 후대의 클레멘스 서신을 비롯한 교회사의 문서는 바울이 베드로(게바)와 함께 로마에서 순교한 사실을 강하게 암시한다. 예수의 열두 제자들이 예수를 육체로 접하면서 그의 가르침을 면전에서 가장 많이 듣고 행적을 가장 자주 목격했지만, 그들이 예수의 하나님 나라 복음을 가장 깊이 깨달아 가장 널리 전파한 것은 아니었다. 오히려 예수를 지상에서 전혀 보지 못했으나 부활하신 모습으로 나타난 그리스도를 만난 바울이 그 주인공이 되어 그리스도의 복음을 만천하에 전파했다. 더구나 그는 유대교라는 특수한 배타적인 범주에 갇히지 않고 그 전통에 속한 유대인을 배제하지도 않았다.

이와 동시에 그의 보편주의 신학은 무엇보다 이방인 신자들을 끝까지 대변하고 두둔하면서도 마침내는 썩어짐에 종노릇하는 데서 해방되어 '영광의 자유'에 이르려는 갈망 가운데 인류와 함께 탄식하고 모든 피조물까지 아우르는 만유의 구세주로 그리스도를 고백하는 단계에까지 이른다. '모든 것', '만유'로 번역되는 희랍어(pas, pan)가 그의 서신에 무려 400번 이상 많이 나오는 것은 그만큼 그가 신학과 선교, 목회 모든 영역에서 하나님을 향해 열린 신학적 상상력이 싱싱하게 작동했음을 시사한다. 이는 하나님이 지은 이 세상의 모든 생명이 그리스도의 긍휼과 은총으로 덧입혀 구원받기를 갈망했다는 증거 아니겠는가.

4

디도

디도가 달마디아로 간 까닭은?

사도행전과 바울서신에 등장하는 사도 바울의 주변 사람들 중 신약 시대의 선교 주역으로 디도라는 인물을 외면할 수 없다. 그는 "참 아들"(딛 1:4)로 불릴 정도로 디모데와 함께 사도 바울의 오른팔, 왼팔 역할을 한 제자 겸 성실한 동역자였다. 디도가 처음으로 바울과 함께 등장한 무대는 예루살렘의 사도 공회였다. 갈라디아서(2:1)의 증언에 의하면, 바울이 이방인 선교 지역에서 율법 준수 요구 문제로 유대인 기독교인과 갈등이 불거졌을 때 이 문제를 논의하기 위해 사도들이 예루살렘에 모였고 바울도 바나바와 함께 그 자리에 참석했다. 그때 바울과 동행하여 그 회의에 동참한 바울 측의 대표적인 동역자가 바로 디도였다.

바울이 이방인의 할례 문제로 갈등과 분열의 기로에 선 갈라디아 교회 성도들을 향해 쓴 서신에서 디도라는 인물을 표나게 내세워 그 이름을 적시한 것은 나름대로 이유가 있었다. 무엇보다 디도는 할례 받지 않은 이방인으로, 바울 자신이 그동안 선포해 온 복음이 할례 의식과 무관한 자유의 복음, 은혜와 성령의 복음이었음을 구체적 증거로 드러내기 위한 전략적인 선택이었다. 다시 말해, 여기서 디도의 동행은 바울이 자신의 복음에 담긴 신학적 본질을 구체적인 선교의 결실인 디도를 통해 시범 케이스로 보여 주고자 한 의도의 발로였으리라는 것이다. 이런 맥락에서 디도는 그리스도의 구원의 은혜가 어떻게 유대교의 율법 전통과 무관하게 이방인들에게 성령과 함께 임하여 그들로 담대하게 그리스도의 복음을 전하는 증인으로 우뚝 설 수 있게 하는지를 보여 주는 산 증거였던 셈이다.

고린도 교회의 강직한 분쟁 해결사

한편 바울이 핍박으로 인해 급하게 떠난 데살로니가

교회의 후속 과제를 너끈히 감당해 준 디모데가 그 교회 문제의 해결사였다면, 바울의 사도직에 대한 불신 사태로 홍역을 앓던 고린도 교회와의 갈등 상황에 뛰어들어 해결사 역할을 감당한 자는 디도였다. 고린도 교회의 파당 분쟁을 비롯해 여러 가지 문제에 대한 바울의 훈계와 조언을 담아 보낸 긴 단일 서신인 고린도전서는 디모데에 의해 전달된 게 분명해 보인다(고전 16:10). 이 서신은 고린도 교회 내의 다양한 쟁점을 다루고 있으나 그 구성원들 가운데 "분쟁이 없이 같은 마음과 같은 뜻으로 온전히 합하라"(고전 1:10)는 일관된 취지로 쓴 문서였다. 반면 고린도후서의 역사적 기원과 편집 구성에 대한 관점은 다소 복잡하다. 학자들의 비평적 연구를 참조하면, 고린도후서의 가장 긴요한 집필 동기는 바울의 사도직에 대한 불신으로 인해 자신의 사도적 진정성을 스스로 변증하고 항변하기 위한 것이었다. 이 서신은 그만큼 바울이 고린도 교회로부터 배척당하던 매우 심각한 상황에 즈음하여 여러 단계로 집필된 편지들이 취합되어 편집된 것으로 파악된다.

이때도 고린도 교회 문제의 해결사로 사전 경험이 있던 디모데가 1차 변증 서신(고후 2:14-6:13, 7:2-4)을 가지고 달려가 서신의 논조대로 부드럽게 교인들을 설득하고자 했으나 그 결과가 썩 좋았던 것 같지 않다. 오히려 상황이

악화된 분위기를 미루어 짐작할 수 있는데 연이어 쓴 2차 변증 서신(일명 '눈물의 서신': 고후 10:1-13:10)의 논조가 1차 변증 서신과 달리 추상같이 공격적이고 날카롭기 때문이다. 바울은 이 서신의 전달자로 이번에는 디도를 전략적으로 선택하여 임무를 맡긴 듯하다. 디도에게 갈등 해소의 임무를 떠맡겨 그와 함께 보낸 두 번째 변증 서신의 결과가 어떻게 드러날지 바울은 디도를 만나 사후 보고를 듣고자 드로아에서 조바심 가운데 그를 기다렸다(고후 2:12). 그러나 거기서 디도를 만나지 못해 불안과 근심 중 낭패감을 느낀 바울은 마게도냐로 건너갔으나 거기서도 육신의 불편함과 환란, 다툼과 두려움으로 낙심할 만한 상황이었다. 그러나 인내로 기다린 결과 바울은 긍정적인 메시지를 들고 온 디도와 극적으로 상봉하여 큰 위로를 받을 수 있었다(고후 7:5-6). 그 결과로 써 보낸 또 다른 편지가 '위로'라는 키워드를 수차례 반복하면서 시작하는 이른바 '화해의 서신'(고후 1:1-2:13, 7:5-16, 13:11-13)이다.

이러한 성공적인 메신저 사역으로 디도는 바울에게 큰 신임을 얻었음인지 한술 더 떠 고린도 교회에서 모은 후원 연보금을 받아 올 적격의 인물로 다른 두 익명의 형제와 함께 추천되기도 했다(고후 8:16-24). 분쟁 해결사 디도가 이제 고린도를 비롯한 아가야 지역의 모금 캠페인을 주관하여 그 자금의 운반 책임까지 맡는 재정 해결사로 나선 것이다.

바울과 엇갈린 인간관계의 비밀

그 후 역동적인 아가야와 마게도냐 지역 선교가 일단락되고 바울이 로마로 압송되어 억류될 즈음, 아니, 어쩌면 바울이 처형된 후 한 세대가 지나고 나서 디모데와 디도가 이어받은 바울의 유산과 그 정치 세력의 판도 및 흐름은 기묘한 파노라마를 보여 준다. 그 저간의 상황은 디모데전·후서와 디도서란 이름의 목회서신에 반영되어, 당대의 이 두 제자에게 맡겨진 후속 사역과 함께 상세한 내용을 전해 준다. 전통에 의하면 이후 바울의 선교 사역에 중추적인 요처였던 에베소는 디모데에게 승계되었고, 디도는 오지였던 크레타섬에 파송된 것으로 그려진다. 디도서에서 바울은 디도에게 아가야 북서쪽의 외진 바닷가에 자리한 니고볼리로 와서 겨울을 보내게 될 자신을 맞이하라고 명한다. 니고볼리는 아가야 북쪽, 오늘날 알바니아 아래편 아드리아 해변의 항구도시다. 근처에는 오디세우스의 고향 이타카가 있다.

바울과 디도는 과연 니고볼리에서 만났을까. 드로아 회동 약속의 경우처럼 길이 어긋나 만나지 못한 건 아닐까. 만났든 만나지 못했든, 디도는 자신을 향한 바울의 상대적 푸대접에, 특히 디모데와 비교하여 상대적으로 열악한 처우에 서운한 마음, 외로운 정서를 키워 온 건 아니었을까. 그렇게 꼬이고 얽힌 인간관계의 아이러니가 바울과 디도 사이를 서먹하게 만들고 마침내 디도가 바울을 떠나 독자적인 사역의 길을 걷게 된 것은 아닐까. (바울 역시 이전에 마가 요한의 동행 건으로 자신의 선배 바나바와 대판 싸워 갈라선 전력이 있듯이 말이다.) 이러한 모호하고 감춰진 사유로 바울이 자신의 측근인 애제자 디모데에게 쓴 유서 같은 편지에서 "디도는 [나를 떠나/버리고] 달마디아로 갔"다고(딤후 4:10) 서러운 심경을 토로한 건 아니었을까. 그 제반 정황으로 미루어 보건대, 바울이 디도에게 니고볼리에서 만나자고 한 약속이 그대로 실현되지 않았을 가능성이 더 커 보인다. 다시 말해 디도가 니고볼리로 오지 않아 바울이 좀 서운했거나, 디도가 니고볼리로 갔음에도 바울을 만나지 못해 실망한 나머지 그 위쪽 달마디아로 가서 바울에게서 독립한 상태로 새 사역지를 개척했는지 알 수 없다.

좀 더 부연해 추리해 본다면, 피는 물보다 진하다고 바울이 평소 선교 사역의 공헌도에서 디모데보다 좀 더 우월했던 디도와는 그가 할례 받지 않은 이방인이었던 터라 정서적 거리감이 있었던 데 비해, 모계로 유대인의 혈통을 이어받은 디모데와는 더 편애하는 듯한 눈치를 직감한 디도가 상대적인 박탈감을 느낀 나머지 바울에게서 멀어진 것은 아니었을까. 에베소의 디모데가 적통의 이미지를 굳힌 듯 당당한 모습을 보여 주는 데 비해 변두리 크레타에 자리한 디도는 어쩐지 소외된 서자의 느낌을 주는 게 그 추론의 심증이다. 그러나 바울과 디도 사이, 또 디도와 디모데 사이에 오간 대화와 보이지 않는 심리적인 긴장의 묘연한 공백은 모든 사적인 인간관계에 감추어진 비밀만큼 아득한 암전 가운데 다양한 추론과 상상만 불러일으킬 따름이다.

면면이 이어진 열심과 결실

나는 디도라는 인물에 대한 역사적 호기심이 동하여 그의 발자취를 따라 크레타섬과 달마디아 지역을 직접 두 발로 밟으며 답사한 적이 있다. 디도가 목회한 것으로 전해지는 크레타섬의 고르티나 지역에 들러 디도기념교회를 둘러보며 상념이 깊어졌다. 그곳은 로마의 군대가 주둔하던 곳으로 그 주위에 사람들이 모여 마을을 이루어 살았는데 기독교가 공인된 이후 주후 4세기경 디도를 기념하는 첫 교회가 그곳에 세워진 것으로 보인다. 지금 그 교회는 많이 파손되어 건물의 흔적이 돌무더기로 산만하게 흩어져 잔존할 뿐이고, 그를 기리는 기념관을 현대식 건물로 따로 지어 운영하고 있다. 고대 교회의 전승에 의하면, 그가 거길 떠난 뒤 200년이 더 흘러 그 지역에서 10명의 순교자가 배출되었다 하니, 그 지역의 선교 및 목회 사역은 디도가 그곳을 떠난 뒤에도 면면히 그 열매를 맺어 갔을 터였다. 그럼에도 불구하고 디도라는 이름의 빛과 그림자가 교차하는 관계의 미로 속에는 여전히 알 수 없는 역사의 허방이 만져진다.

오늘날 관광도시로 유명한 두브로니크는 달마디아 지역의 주요 도시인데, 디도가 이곳을 스쳐 지나갔거나 그곳에 한동안 머물러 복음을 전하면서 다부진 열심을 냈을지도 모를 일이다. 지상낙원을 보려면 두브로니크로 가야 한다며 대중을 부추긴 버나드 쇼의 허풍은 교정되어야 한다. 차마 내면의 슬픔을 말하지 못한 인간의 한숨이 배제된 지상낙원이란 없다. 다만 외로운 걸음으로 달마디아를 향해 낙타처럼 터벅거리며 걸어간 수많은 디도들이, 곳곳에 울고 웃는 통속적인 인간 세상이 그 기원을 지워 버린 풍경처럼 존재할 뿐이다.

5

디모데

아들과 제자와 동역자 사이

흔히 디모데를 디도와 함께 사도 바울의 오른팔, 왼팔로 비유하곤 하는데 틀린 비유가 아니다. 그만큼 디모데는 디도와는 다른 출신 배경과 사역의 내용에도 불구하고 공통적으로 사도 바울을 측면에서 보좌하고 동역하면서 초기 기독교 복음의 확장에 큰 역할을 담당한 인물로 꼽힐 만하다.

비록 다수 학자들이 디모데전·후서를 바울의 친필 서신이 아니라 후대에 바울의 제자나 추종자가 그의 이름을 가탁하여 쓴 제2 바울서신 또는 후기 바울서신으로 별도 분류하지만, 그렇다고 디모데의 역사적 전승에 관한 사실을 억지로 꾸며낸 것이라 치부하긴 어렵다. 오히려 반대로 그에 대한 아름다운 전승을 재구성하여 바울과의 돈독한 동역자 관계 또는 사제 관계를 조명함으로써 그 사도적 권위 아래 후대 교회에 규범을 제시하고자 했을 가능성이 크다. 이 두 서신을 포함 여타의 바울서신과 사도행전의 자료를 종합하여 그의 생애를 재구성하면 대강 다음과 같다.

바울을 대리하여 파송받은 자

하나님을 경외한다는 의미를 담은 그의 헬라어 이름(Timotheos)에는 그의 혈통과 가족사적 배경이 암시되어 있다. 그는 기독교 신자인 유대인 모친 유니스, 또 그녀에게 신앙을 대물림한 외조모 로이스의 혈통 한 축과 헬라 계통의 이방인 출신 부친 사이에 태어났다. 바울이 1차 선교여행 때 복음을 전파한 아나톨리아 반도의 루카오니아 도시(루스드라 또는 더베)에 교회가 생겨났고, 디모데는 이 지역 출신으로 바울의 2차 선교 여행에 즈음하여 이미 교회의 신망을 얻은 구성원으로 외가 쪽의 신앙적 양육을 받아 성장한 상태였다. 그런 그의 자질을 알아본 바울은 여기서 디모데를 실라와 함께 자신의 선교 동역자 겸 제자로 발탁

했다. 이후 그는 정든 고향과 가족을 떠나 이른 청년기의 나이에 바울의 선교 사역 내내 동역을 해 나갔던 것으로 보인다.

디모데의 부친이 헬라 출신 이방인이었던 터라 당시 할례를 받지 않았던 디모데가 이방인 선교의 배후 기지였던 유대인 공동체에 잡음 없이 용납될 수 있도록 바울은 그로 할례를 받게 했다(행 16:1-3). 그런데 이는 이방인이 할례를 받지 않아도 된다는 예루살렘 공의회의 결정과 다른, 다소 예외적인 그러나 실용적인 선택이었다. 바울의 동역자로서 디모데가 담당한 주요 역할은 바울이 개척한 교회들의 신앙 상태를 점검하고 그들의 입지를 다지는 후속 사역이었거나, 교회 공동체 내에 어려움이 발생했을 때 바울을 대신하는 사자(envoy)로 가서 그의 메시지를 전달하는 해결사 역할을 하는 것이었다. 이런 목적으로 디모데는 일찍이 바울이 개척한 데살로니가 교회에 파송되었고, 핍박 중에 황망히 떠나 신앙 공동체의 안위를 걱정하고 있던 바울에게 안심이 되는 "믿음과 사랑의 기쁜 소식"을 전해 주었다(살전 3:1-6). 마찬가지 목적으로 디모데는 바울이 고린도 교회의 여러 분열상을 염려하여 "같은 마음과 같은 뜻으로 온전히 합하"도록(고전 1:10) 써 보낸 고린도전서를 그 교회에 전달해 준 것으로 보인다. 그런데 여기서 바울이 최초로 디모데의 다소 소심함과 유약함을 암시하는 동시에 그가 바울의 사자 역할을 담당하다가 기죽지 않도록 권면하는 대목을 볼 수 있다. "디모데가 이르거든 너희는 조심하여 그로 두려움이 없이 너희 가운데 있게 하라. 이는 그도 나와 같이 주의 일을 힘쓰는 자임이라. 그러므로 누구든지 그를 멸시하지 말고 평안히 보내어 내게로 오게 하라. 나는 그가 형제들과 함께 오기를 기다리노라"(고전 16:10-11). 이는 단순히 교회가 거친 분쟁과 분열로 디모데를 막 대하지 않을까 하는 염려뿐 아니라, 디모데가 천품이 다소 유약하여 거친 분쟁의 소용돌이 속에 행여 상처를 받지 않을까 하는 노파심을 얼핏 드러낸 흔적으로 읽힌다.

온유하고 유약한 성품

과연 그 기우가 현실이 된 사례를 우리는 고린도후서에서 본다. 다수 학자의 비평적 연구를 종합하면, 이 서신은 대략 대여섯 조각의 서신들이 후대에 편집된 결과로 판단된다. 그렇게 여러 차례 복잡다단하게 이 교회에 편지를 써 보내게 된 사유는, 일차적으로는 그 공동체의 사람들 일부가 바울의 사도직에 대해 강력하게 의심을 품고 그의 리더십의 진정성을 부인했던 사태였다. 이에 대해 바울은 먼저 온유한 설득의 논조로 1차 변론 서신(고후 2:14-6:13,

7:2-4)을 써서 보냈는데, 이때 이 편지를 배송한 전달책도 디모데였던 것으로 보인다. 그러나 이 서신은 오히려 사태를 더 악화시킨 듯했고, 그래서 바울은 1차 변론 서신의 '당근' 색채를 바꿔 '채찍'의 톤으로 강렬한 공격과 자기 변증을 시도한 2차 변론 서신(고후 10:1-13:10)을 디도 편에 보냈다. 그 결과 고린도 교회의 분쟁이 진정되어 마침내 소기의 화해 효과를 거둘 수 있었던 것 같다. 이로 인해 바울은 다시 유화적인 레토릭을 구사하면서 화해와 위로의 세 번째 서신(고후 1:1-2:13, 7:5-16, 13:11-13)을 써서 디모데 편에 보내게 되는데(고후 1:1), 이로써 우리는 바울이 신앙 공동체에 발생한 갈등과 분쟁을 해소하는 용인술의 면모를 엿볼 수 있다.

이것으로 추측하건대 바울은 대개 평이하고 원만한 해결을 기대하는 현장에는 온유한 성품인 디모데를 파송해 설득했고 거칠고 삭막한 현장에는 다소 전투적이고 강직한 디도를 파송해 설득하고자 한 것으로 파악된다. 디모데전·후서와 디도서의 목회서신에 담긴 디모데와 디도의 향후 선교 활동이 역사적 사실을 담고 있다면, 바울의 이러한 용인술은 그의 추후 사역 전략에도 고스란히 드러난다. 요컨대 바울은 자신의 선교 요충지로 다양한 부류의 교인들을 통솔하고 선도하는 데는 디모데를 보내 후속 목회 사역을 맡겼고, 거친 외지의 변방을 개척해야 하는 그레데(크레타)의 선교 사역을 위해서는 디도를 보내 사역을 위임한 것이 그 일례다.

충실한 의리로 다져진 인연

사도행전의 연대기를 재구성해 보면, 디모데는 대략 주후 54-57년경 바울의 에베소 사역에 재등장하여, 이후 56-58년경 바울과 함께 이동하면서 일정 기간 고린도에 머물렀고, 58년 유월절 이후에 바울과 함께 마게도냐로 가서 얼마간 체류한 것으로 보인다(행 20:3-6). 거기를 떠나 그는 다시 소아시아 드로아로 미리 가서 바울을 기다리게 되는데, 그것이 신약성서에 나오는 그에 대한 공식적인 마지막 언급이다.

이후 나온 디모데전·후서의 자료를 토대로 추정하면, 그는 64년경 바울에 의해 에베소로 파송되어 교회의 제반 사역을 위임받았다. 나아가 바울이 로마의 감옥에 갇혀 있는 동안 그는 로마의 바울에게 호출받아 마지막 작별을 나누고자 했다. 그만큼 그는 단순히 동역자와 제자로 머문 게 아니라 바울의 영적인 '아들'로 칭해지기에 부족하지 않을 정도로 시종일관 바울의 가장 큰 신뢰를 받은 충실한 의리의 인물이었다. 디모데는 바울이 당대 사역 가운데 자신의 이름으로 써 보낸 편지 중 데살로니가전·후서, 고린도전·후서, 빌립보서, 빌레몬서, 골로새서 등의 공동 저자로 이름을 올렸을 정도로 신망이 두터웠다. 바울의 편지 발신자 명단에 디도가 한 번도 이름을 올리지 못한 것과는 대조적인 특징이다. 저자가 누구인지 수상한 히브리서에 의하면(13:24), 디모데는 바울과의 동역 기간 중 적어도 한 번 정도 감옥에 투옥된 적이 있었다. 이 문서의 저자는 그가 감옥에서 풀려나와 생길 변화와 관련하여 암시적인 노트를 남겼다.

디모데의 추후 사역과 죽음, 후일담 등은 후대에 나온 외경 문서와 교회사 전승에 의해 채워졌다. 5세기경에 생산된 것으로 추정되는 외경 문서 '디모데행전'에 의하면, 그는 나이 80세에 에베소 교회의 감독으로 위촉되었다. 주후 97-98년경 당시 로마 황제 네르바(Nerva) 치세 기간에 디모데는 다이애나(Diana) 여신의 종교 축제 행렬 가운데 복음을 강론하면서 우상 제의를 중단시키려 했는데, 이에 분노한 이교도들이 그를 마구 때리고 거리로 끌고 다니다가 돌로 쳐서 죽였다고 전해진다. 동방 교회에서 디모데는 사도, 성자, 순교자로 추존되었고 동서방 교회를 막론하고 그의 이름은 바울의 회심 날짜 전후로 디도와 함께 축일로 지정돼 기념되었다. 개신교 소속 일부 루터교회에서도 그를 기리는 축일을 지정했다. 주후 4세기에 디모데의 유해는 에베소에서 콘스탄티노플로 이장되어 한때 그곳 '거룩한 사도들의 교회'에 안드레, 누가의 묘지 곁에 안치되었다가 이후 13세기 십자군 원정에서 돌아온 자들에 의해 또 한 차례 옮겨져 1239년 이탈리아 테르몰리(Termoli) 성당에 매장되었다고 하는데, 이곳의 관련 유적이 1945년 성당 보수 공사 중 재발굴되기도 했다.

생의 마지막 순간 떠오른 사람

디모데후서의 증언대로라면 디모데는 평소 건강이 좋지 않았던 것 같고 이에 바울은 그에게 물만 마시지 말고 위장 건강을 위해 포도주를 마시라고 권고했다. 또한 에베소 교회에서는 그가 젊은 나이에 교회의 중요 직책을 맡아 그 연소함으로 인해 연장자들에 의해 행여 경홀히 여김을 당하지 않을까 염려한 바울의 노파심도 엿볼 수 있다.

디모데후서에 반영된 바울의 죽음 직전 내면 풍경을 깊이 읽어 보면, 그는 마지막에 의지할 최후 1인으로 디모데를 떠올렸던 것 같다. 대개 한 사람의 임종은 아들딸을 비롯한 직계 가족이 그 자리를 지키기 마련인데 로마의 바울에게는 그런 혈통 가족이 없었다. 사정이 그런 터라 바울은 단순히 동역자나 제자가 아니라 아들처럼 여길 만한 디모데가 가장 보고 싶었던 모양이고, 죽음이란 실존의 아득한 자리에서 자기 내면의 인간적인 감정을 토로하고 의지할 대상으로 그가 곁에 없음을 가장 아쉬워했던 것 같다. 우리는 평생 이런저런 공적·사적 인연으로 엮이어 알게 되고 사귀어 온 지인들이 그 임종의 자리에서 보고 싶은 누군가를 떠올릴 때 그 누구의 머릿속에 가장 그리운 사람으로 기억될 수 있을까.

6

바나바

'위로의 아들' 바나바의 마당발 여정

"연탄재 함부로 발로 차지 마라 / 너는 / 누구에게 한 번이라도 뜨거운 사람이었느냐"라는 안도현 시인의 시구가 항간에 자주 회자되던 때가 있었다. 그 '때'는 '갑질'이란 신조어가 우리 사회에 중요한 화두로 자리 잡던 때와 거의 포개지지 않나 싶다. 자신의 온몸을 불태워 연탄재로 남은 사람, 그런 헌신적인 인물이 성서에 적지 않지만 이러한 이미지에 부합하여 가장 먼저 떠오르는 사람을 꼽자면 단연 바나바가 아닐까.

그는 사도행전의 증언대로 '위로의 아들' 또는 '격려의 아들'(hyios paraklēseos)이었다. 요한복음의 '보혜사'(paraklētos)라는 헬라어에 들어간 핵심 어근이 바나바의 별명에도 들어 있는 셈이다. 이처럼 바나바의 일평생은 보혜사 성령이 하시는 사역의 주된 부분을 온몸으로 구현하듯 개척이란 힘겨운 사명을 감당해야 했던 초기 교회에 바쳐진 눈부신 흔적이었다. 그럼에도 바울과 베드로의 그림자에 가려져 가장 덜 주목받는 인물이 바로 바나바다.

초대 교회를 섬긴 헌신적인 삶

관련 자료를 종합하면, 바나바는 구브로(키프로스) 태생이며 집안 대대로 레위 지파 가문에 속했던 것 같다. 태어났을 때 아명은 요셉(또는 요세)이었고, 사도행전 14장 14절에 의하면 그는 바울과 함께 동급으로 '사도'라는 호칭으로 언급되었다. 그러나 이는 예루살렘 교회의 기초를 놓은 12사도의 반열과 동일한 개념의 사도라기보다 그 말의 문자적 의미 그대로 '보내심을 받은 자', 곧 파송받은 선교사로서의 사도라는 개념에 가깝다고 봐야 한다. 그의 공헌 중 가장 먼저 사도행전에 언급되는 것은, 자기 소유의 땅을 판 자금을 열두 사도 앞에 헌납하여 예루살렘 교회의 초기 공동체 운영에 재정적인 기반을 제공한 사실이다. 이로써 공동체의 구성원들은 각자의 사유 재산을 개인의 독점적인 소유물로 여기지 않고 필요에 따라 나눠 쓰면서 생활 공동체를 이루어 낼 수 있었다. 그리고 그 결과 가난한 사람이 하나도 없이 자족적인 공생체를 실현했다.

이러한 물질적인 기여로 신뢰를 얻었음인지 바나바는 이내 안디옥에 파송되어 이방인 신자들을 관리 감독하는 사명을 떠맡게 되었다. 스데반의 순교로 발생한 핍박으로 인해 예루살렘에 있던 성도들이 각지로 흩어지면서 안디옥에 회집한 이들이 성령의 역사로 이방인 선교의 성공적인 결실을 거두었고, 그 열매로 유대인과 이방인이 공존하는 신앙 공동체가 세워졌다. 그곳 신자들이 많이 늘어나자 상황을 파악할 겸, 새로 생긴 신앙 공동체를 지도할 겸 예루살렘 교회는 바나바를 안디옥으로 파송했다. 그 규모와 사역의 내용이 바나바 혼자서 감당하기 버거웠는지 그는 다소에 머물러 있던 바울을 찾아가 동역을 요청했고, 그 결과 바나바는 바울과 함께 안디옥 교회의 신자들에게 말씀을 가르치고 신앙을 지도하는 사역에 대략 1년 정도 복무하게 되었다. 그 기간 동안 두 사람은 대략 주후 44년경 유대 땅에 덮친 기근으로 빈궁해진 사람들을 구제할 목적으로 안디옥 교회의 후원금을 모아 예루살렘 교회에 방문해 전달했고, 아마도 거기서 만난 마가 요한을 데리고 안디옥으로 돌아온 것으로 파악된다. 연이어 이 세 사람은 안디옥 교회의 파송을 받아 구브로, 밤빌리아, 비시디아 등지의 헬라화된 도시들을 찾아다니면서 복음을 전파하는 선교 활동을 펼쳐 가는데, 이것이 사도행전이 제시하는 1차 선교 여행이다.

바울의 중개자에서 선한 동역자로

구브로 총독 서기오 바울의 회심 이후 사도행전 13장 9절에서 사울의 이름은 로마 이름인 바울로 바뀌어 칭해지는데, 이를 기점으로 '바나바와 사울'의 리더십 순서는 '바울과 바나바'로 뒤바뀐다. 그러나 여전히 루스드라 사람들은 바울을 그리스의 신 헤르메스로, 바나바를 아버지 신 제우스로 인식했을 정도로 두 사람의 위상에서 바나바는 바울보다 한 단계 높이 자리매김된다. 예루살렘 교회와 친분이 도탑다는 상황 변수에 따라 예외적으로 바나바가 바울보다 앞서기는 하지만(행 14:12, 14, 15:12, 25), 사울이 바울로 바뀌어 불리기 시작하면서 사도행전 속 선교적 리더십의 구도는 바울을 중심으로 재편되는 대세의 변화가 확연하게 드러난다. 그럼에도 불구하고 1차 선교 여행 이후까지도 바나바는 바울의 가장 중요한 동역자로 언급되며,

주후 49년경 예루살렘의 사도 공회에도 바나바는 바울과 함께 이방인 선교 지도자라는 공인 신분으로 참석한다. 여기서도 바울은 게바와 함께 선교 강역을 이방인 지역과 유대인 지역으로 양분하며 대표적인 선교 리더십을 확보한 것으로 진술하는데(갈 2:8), 기둥 사도들 세 명과 친교의 악수를 나누는 외교적인 관계에서나 예루살렘의 가난한 성도를 돕는 구제 사역에서는 바나바 또한 대등한 선교 동역자로서 그 역할을 공유한 점을 인정하고 있다(갈 2:9-10).

바나바와 바울 사이 신뢰의 균열이 생기기 시작한 결정적인 계기는 아마도 안디옥 사건이었을 것이다. 바울의 입장을 대변하는 갈라디아서 2장 11-14절에 서술된 초기 선교 당시의 이 의미심장한 에피소드가 사도행전에는 누락되어 있다. 상황을 요약하면 대강 이렇다. 게바가 안디옥 교회를 방문하여 이방인 신자들과 식탁 교제를 하던 중이었고, 거기에 바울과 바나바도 함께 자리하고 있었던 것 같다. 그런데 하필 그때 예루살렘 교회의 수장 야고보가 보낸 사람들, 아마 그 수하의 제자들 몇 명이 안디옥에 시찰 삼아 온 것인지 그 현장에 당도했다. 게바는 이방인과의 식사 행위가 부정한 짓이라는 율법의 전통이 몸에 배어 있었고 이를 중시하던 예루살렘의 보수적인 유대인 신자들, 특히 그들의 수장인 야고보에게 불신임을 당할 것을 염려한 나머지 이미지 관리 차원에서 자리를 피했다. 그런데 이러한 분위기에 휩쓸려 레위 지파 출신의 바나바 또한 정결예법에 민감한 종교적 감수성이 일순간 작동했는지 게바의 처신을 뒤쫓아 그 불편한 상황을 모면하고자 자리를 뜬 것 같다. 바울이 보기에 이는 '위선'이었고, 함께 식사를 나누던 이방인 신자들의 처지에서는 씁쓸한 배신의 경험이었을 것이다. 이에 바울이 교회 앞에서 공개적으로 게바를 향해 "복음의 진리를 따라 바르게 행하지 아니"했다고 그의 위선을 비난조로 맹렬하게 질타했다는 것이다.

바울과의 갈등을 넘어 각자의 사역으로

이러한 불쾌한 사건에도 불구하고 바울은 자신의 은인이었던 바나바와 함께 2차 선교 여행을 떠나려는 계획을 추진했던 것 같다. 그런데 이번에는 마가 요한 문제로 치열한 설전이 벌어졌다. 1차 선교 여행 도중 대열을 이탈해 제 갈 길로 가 버린 그를 더 이상 신뢰할 수 없다는 것이 바울의 입장이었고, 마가 요한과 친척지간이기도 하지만 한 번 실수는 병가지상사라는 관점에서 관용을 베풀어 합류시키고자 했던 것이 바나바의 입장이었을 것이다. 이러한 입장의 차이가 드러나기 전에 불거졌던 안디옥 사건의 '위선'에 대한 앙금이 덮씌워진 상태에서, 두 사람은 격론을 벌이며 시비를 다투었으나 결국 결별하여 따로 선교 여행을 떠나게 되었다. 바울이 실라를 데리고 수리아와 길리기아 지역의 육로 여정을 꾸렸다면, 바나바는 마가 요한과 함께 1차 선교 여행의 기착지였고 자신의 고향인 구브로섬으로 들어가 제각각 복음 전파 사역을 이어 간 것이다.

이후 사도행전은 바울의 선교 여정을 중심으로 서사를 이어 가는 반면 바나바의 이후 선교 사역은 전혀 기록에 남기지 않았다. 단편적으로 비치는 바나바의 이후 사역 일부가 고린도전서 9장 5-6절의 기록에 암시적으로 반영되어 있을 뿐이다. 이에 따르면, 바울처럼 바나바 역시 자비량으로 자신의 생계를 스스로 벌면서 복음을 전파했다는 것이다. 고린도전서를 쓴 시점을 주후 56-57년경으로 잡으면 이 당시만 해도 바나바는 여전히 살아서 활동하고 있었던 게 확인된다. 그러나 바울이 로마의 감옥에 유폐된 때(대략 주후 61-63년경) 마가 요한이 그의 제자로 그와 함께 머물러 있었다는 기록(골 4:10)을 액면 그대로 수용한다면, 이 당시에 바나바는 이미 세상을 떠난 상태였을 것으로 짐작된다.

죽음과 사후 여러 전승들

바나바의 최후에 대하여는 몇 가지 교회사의 전승이

남아 있다. 구브로 교회의 전승에 따르면, 바나바의 선교적 성공에 분개한 유대인들이 구브로의 살라미스로 들이닥쳐 회당에서 말씀을 강론하던 바나바를 붙잡아 밖으로 끌고 나가더니 그를 돌로 쳐 죽였고 마가 요한이 그의 시신을 몰래 거두어 매장했다고 한다. 한편 외경인 '바나바행전'의 기록에 의하면, 그 대적들이 바나바의 목에 줄을 매달아 여기저기 질질 끌고 다니며 학대하다가 불로 태워 죽였다고 한다. 이후 역사 가운데 바나바의 흔적이 묘연했다가 주후 478년 구브로의 대주교 안테미오스(Anthemios)의 꿈에 바나바가 현몽하여 자신의 무덤을 가르쳐 주었다고 한다. 이를 계기로 나무 아래 은폐되어 있던 그의 무덤이 발견되었다. 나아가 그 안에 남겨진 그의 유해와 마태복음 사본 한 권을 당시 콘스탄티노플에 머물던 로마 황제 제노(Zeno)에게 증정했고, 이로 인해 구브로의 그리스 정교회가 성립되고 이에 상응하는 여러 가지 특권이 부여되었다고 한다.

바나바 사후 그의 이름은 구브로 외에도 이탈리아의 밀라노와 스페인의 테네리페섬에서 수호성인으로 존중받아 왔다. 또 다른 전승에서는 바나바가 그의 형제인 브리타니아의 아리스토불루스와 함께 누가복음에 등장하는 70인 제자 중 1인으로 여겨졌다. 그런가 하면 유대인 기독교의 중요한 문서인 위클레멘스경(Recognitions of Clement 1:7)에 의하면, 바나바는 그리스도의 살아생전 이미 로마에서 복음을 전파하던 전도자로 활약하고 있었다고 한다. 그 밖에도 로마의 교부신학자 테르툴리아누스(주후 160-220)는 바나바를 정경 히브리서의 저자라고 믿었고, 알렉산드리아의 교부신학자 클레멘스(주후 150-215)는 바나바 서신의 저자를 바나바라고 주장했다. 이 서신은 레위기의 음식규례를 알레고리적 독법으로 해석해 낸 초기 기독교의 저명한 문서인데, 가장 오래된 신약성서 코덱스 사본인 시내산 사본에 바나바 서신이란 이름으로 정경 목록과 나란히 포함되어 있다. 그러나 오늘날 다수의 학자들은 이 문서를 130년경 알렉산드리아에서 후대의 다른 사람이 저술한 것으로 추론한다. 한편 중세 이후의 전승에서 바나바의 이름을 붙인 복음서가 언급되지만 그 이름만 일부 기록에 남아 있어서 그 구체적인 내용은 알 길이 없다. 다만 그 내용 중 예수를 하나님의 아들이 아니라 예언자 중 한 사람으로 본다는 이야기가 전해지는데 이로 미루어 이슬람 전통과의 습합이 의심될 뿐이다.

초기 복음 선교 배후의 큰 별

이러한 신약성서의 내용과 이후의 역사 기록, 교회 안

팎의 전승을 종합하면, 바나바는 그 별명에 걸맞게 초기 기독교의 중요한 시점마다 위로와 격려, 너그러운 포용과 신뢰, 지지와 후원의 힘으로 성령의 역할을 자기의 운명적인 사명으로 감당하면서 큰 족적을 남긴 훌륭한 인물이었음이 확실하다. 그는 자신의 재산으로 유대교 레위 지파 사람들과 초기 예루살렘 교회 사이를 이어 주었고, 넉넉한 관용으로 예루살렘 사도들과 이방인 선교의 영웅 바울 사이를 중개했다. 나아가 그는 안디옥의 공동체 사역을 통해 유대인 기독교도와 이방인 기독교도를 연결해 주었고, 마가 요한을 통해 베드로와 바울 사이를 소통시켜 주었다.

이렇듯 그는 자신의 재산, 친척, 그 밖에 물심양면의 모든 기반을 총동원하여 교회를 세우고 교회의 사람들을 엮어 주며 그 사람들을 주축으로 세워 복음을 땅 끝까지 전파하는 데 실질적인 배후의 주역으로 활약했다. 비록 그와 관련된 문서 자료가 빈약하여 그의 자세한 족적을 낱낱이 드러낼 수는 없으나, 바나바는 문자로 남은 역사의 기록과 평가를 넘어선다. 그의 존재는 우주 공간 저 멀리 떨어져 있기에 희미한 빛을 발하면서도 가까이 다가가면 놀라운 광휘에 휩싸이는 초기 기독교 복음 선교의 큰 별이었다.

7

주의 형제 야고보

낙타 무릎의 의인

요셉과 마리아 사이에 예수 출생 이후 다른 자녀가 있었다는 기록은 복음서에 분명하게 나온다. 남동생들은 야고보, 유다, 요셉, 시몬 등이고 여동생들도 두 명 이상 있었다(마 13:55-56). 그러나 교회사의 전승은 단일하지 않고 몇 가지 이설로 갈린다. 대표적인 전승 중 하나가 예수의 형제자매들이 요셉과 마리아 사이에 태어나지 않았고 요셉이 전처에게서 얻은 자녀라는 설이다. 이러한 주장은 외경 자료인

'베드로복음서', '야고보 원복음서' 등에서 발원하여 에피파니우스가 공식적으로 발전시켰다. 이런 관점에서 보면 야고보를 위시한 예수의 형제자매들은 모친이 다른 혈육인 셈이다. 한편 이보다 복잡한 예수의 형제 계보는 헤게시푸스의 자료를 토대로 히에로니무스가 고안해 냈다. 이에 따르면 예수의 형제로 알려진 야고보 등의 사람들은 예수의 모친 마리아 소생이 아니라 부친 요셉의 형제인 글로바(또는 알패오)의 아들로서 예수와 사촌지간이라는 것이다. 이러한 관점들은 모두 마리아의 영속적인 처녀성을 옹호하고 금욕주의 신앙을 독려하기 위해 애써 만들어진 전승이다. 그러나 헬비디우스가 제시한 대로 야고보 등의 형제자매들은 요셉과 마리아 사이에 예수 이후 태어난 혈육의 관계로 보는 것이 자연스럽다. 근대 이후 신약성서 학자들 사이에서도 이 관점이 타당한 것으로 수용되어 왔다.

예루살렘 교회의 기둥 사도

이렇게 야고보의 가족 계보를 정리해 보면, 그가 예루살렘 교회의 수장으로 등극하게 된 배경과 내력도 대강 가늠된다. 일각의 견해에 따르면, 이들 가족 구성원은 예수가 미쳤다는 소문을 듣고 잡으러 다닌 마가복음의 에피소드, 가족을 향해 불신을 드러낸 듯한 요한복음의 일부 구절 등에 근거하여 야고보를 비롯한 예수의 형제들이 예수를 믿고 따르지 않은 채 오히려 반대편에서 불화하거나 반목한 것으로 보기도 한다. 그러나 그 소소한 사례는 과장될 수 없고 대체로 야고보는 그의 모친 및 다른 형제들과 더불어 예수의 지상 사역을 지지하며 지켜보거나 측면 지원했을 것으로 추정된다. 그러다가 예수의 십자가 죽음과 부활 사건 이후, 사도행전의 기록이 시사하듯 야고보는 예수의 가족 대표자로 부상하여 교회 공동체의 리더로 추대되었다고 보는 것이 합리적이다.

성령 강림 사건과 예루살렘 교회의 초기 사역 단계에서 주요 리더십을 행사한 인물은 베드로(게바)였던 것 같다. 바울이 처음으로 예루살렘 교회를 방문할 때 만나고자 한 일차적 대상도 그였다. 그로부터 14년 후에 이방인과 율법 준수 문제로 사도 공회가 열려 바울이 다시 방문했을 때 예루살렘 교회의 리더십은, 베드로 외에도 요한과 함께 주의 형제 야고보가 '기둥' 사도로 존중되며 함께 통솔하는 삼두 체제(triumvirate)로 변해 있었다. 그 사이 야고보의 위상이 현저하게 높아졌음을 알 수 있다. 그런데 이 사도 공회에서 결정한 내용을 보면 베드로는 할례 받은 유대인 지역을 담당해 선교하는 대표 리더로 파송받은 상황이었다. 이처럼 베드로의 선교적 리더십은 무할례자인 이방인을 대상으로 선교하는 대표 리더로 파송받은 바울과 쌍벽을 이루는 지형이었는데, 이러한 결정은 예루살렘 교회의 단독 수장으로 야고보의 정치적·신학적 권위 아래 이루어진 것으로 보인다.

최고 권위를 가진 사도로

한편 사도행전 15장의 기록에 의하면, 예루살렘의 사도 공회에서 야고보의 권위가 최종적인 것으로 확인된다. 베드로의 발언과 야고보의 발언 사이에 뉘앙스도 탐지된다. 베드로의 발언 요지인즉, "하나님이 우리[유대인]에게와 같이 그들[이방인]에게도 성령을 주어 증언하시고 믿음으로 그들[이방인]의 마음을 깨끗이 하사 그들이나 우리나 차별하지 아니하셨"고, 그러므로 그들 이방인이나 우리 유대인이나 예수의 은혜로 구원받는다는 것이었다(행 15:9-11). 이에 대해 야고보는 원론적으로 베드로의 견해와 일치하면서도 그 우선권에서 "다윗의 무너진 장막을 다시 지으며 또 그 허물어진 것을 다시 지어 일으키리"라는 아모스의 예언이 실현되는 것이 급선무이고, 그 토대 위에서 "그 남은 사람들과 내 이름으로 일컬음을 받는 모든 이방인들로 주를 찾게 하려"는 것이 그 후속 과제로 인식된 것이다(행 15:16-17). 이에 따라 이방인들에게는 율법의 준수 사항으로 "우상의 더러운 것과 음행과 목매어 죽인 것과 피를 멀리하라"(행 15:20)는 조항을 부과하여 율법의 '멍에'라고까지 말할 수는 없을망정 최소한의 타협 규정을 제안한 야고보의 입장이 채택되었다.

이후 사도행전에서 야고보가 한 번 더 나오는 대목은 바울이 선교 여행을 마친 뒤 이방인 교회에서 모금한 후원금을 가지고 예루살렘에 도착하여 체포되기 직전의 시점이다. 당시 예루살렘 교회의 최고 권위자였던 야고보는 유대인 장로들과 함께 바울을 찾아가 도성 민심의 적대적인 분위기를 전하면서, 나실인의 법도대로 비용을 치르고 머리를 깎게 하는 율법 조항을 따라 성전에 들어가 그들을 위해 정결례의 준수를 신고하는 연출을 하도록 바울에게 제안했다(행 21:18-24). 바울은 평소의 그답지 않게 이 제안을 수용하여 그대로 실천하다가 유대인 무리가 일으킨 소동 가운데 체포되어 구금당하는 신세가 된다. 이런 상황에서 야고보와 예루살렘 교회의 장로들, 그 배후의 유대인 기독교 신자들이 어떻게 바울을 도왔는지, 아니면 수수방관했는지 언급이 없다. 또 그가 목숨 걸고 들여온 이방인 교회의 후원금은 잘 수용되어 사용되었는지, 아니면 거부했는지 사도행전은 일체 침묵으로 일관한다. 합리적인 추론은 그곳의 유대인 기독교 신자들은 할례도 받았을뿐더러 성전 제의와 토라의 율법 조항을 여느 경건한 유대교인만큼 잘 준행했기에 이 사태 전후로 아무런 제재도, 가혹한 핍박도 받지 않았으리라는 것이다.

예루살렘 교회의 파수꾼

그 이후 야고보의 행적은 신약성서 내의 역사 기록으로는 전무하다. 다만 그 출처가 모호한 야고보서라는 문서를 통해 그의 신학 전통이 전수된 것으로 보인다. 학자들 사이에 야고보서가 예수의 형제 야고보가 저작했다는 주장은 합리적인 이유로 의심받곤 하지만 그것이 야고보를 위시한 보수적인 유대인 기독교 전승을 반영한다는 점에서는 대체로 동의한다. 그도 그럴 것이 이 문서는 바울이 율법의 행위라는 기준이 아니라 누구나 차별 없이 그리스도를 믿는 믿음으로 의롭게 칭해진다는 이른바 '이신칭의'의 교설에 대해 그 오해나 왜곡을 교정하는 데 중점을 두고 있다. 요컨대, 사람이 의롭게 되는 것은 믿음뿐 아니라 행함을 통해서라고 균형을 잡아 줌으로써 바울의 해당 교설이 '값싼 은총'의 도구가 되는 위험을 미연에 방지해 둔 것이다.

이후 점점 고립되고 곤궁해진 삶의 현실에도 야고보는 예루살렘 교회의 책임자로 꿋꿋하게 신앙의 도리를 다하면서 그 공동체를 파수했던 것 같다. 교회사의 기록에 의하면, 그에게는 '의로운 자'(the Just)라는 별명이 항상 따라붙었고 예루살렘 도성을 위해 기도하는 '방어벽'(bulwark)이라 칭해지기도 했다. 백성의 죄를 대신 참회하며 무릎 꿇고 하도 기도를 많이 해서 그의 무릎이 '낙타 무릎'처럼 딱딱해졌다는 일화가 많이 알려져 있다.

그의 죽음에 대해서는 두 가지 전승이 있다. 요세푸스의 기록에 의하면, 알비누스 총독 당시 안나누스가 대제사장으로 재임하던 주후 62년경 그가 가난한 시골의 제사장들을 수탈하며 뇌물을 받는 등 타락한 모습을 보이자 야고보와 그 측근들은 이에 반대하여 저항했다. 이에 대제사장 세력은 야고보와 그 주변 사람들을 붙잡아 율법을 제대로 지키지 않았다는 죄목을 씌워 돌로 쳐서 죽였다는 것이다. 한편 헤게시푸스의 기록에 의하면, 바리새인과 서기관들이 야고보에게 성전 난간에 올라가 예수에 대한 소신을 표명하라고 시켰고 거기서 그가 예수를 그리스도라고 증언하자 이에 분개한 그들이 성전 난간에서 그를 떨어뜨렸다. 그가 바닥에 떨어져서도 아직 죽지 않은 상태로 엎드려 기도하자 성난 군중이 그에게 돌을 던졌고 천을 다듬는 어떤 직공이 몽둥이로 그의 머리를 타격하여 즉사케 했다는 것이다. 후자의 전승은 주후 67년경으로 추정된다.

더 넓은 세상으로 나아가지 못한 전통

야고보는 예루살렘 교회의 파수꾼으로 끝까지 그곳을 떠나지 않은 채 목숨을 걸고 공동체를 지켜 냈다. 그의 사후 몇 년이 지나서 예루살렘 교회의 후임 수장으로 야고보의 사촌인 시므온이 선임되었다. 이렇듯 예수의 가계를 통해 혈통적인 매개로 리더십이 계승된 예루살렘 교회의 배후에는 처음부터 바리새파나 제사장 그룹에서 예수 신앙을 받아들인, 율법에 비교적 충실한 유대인들이 포진해 있었다. 그들은 보수적인 전통을 충실히 고수하면서 점차 바울의 이방인 교회가 지향한 보편주의적 노선과 거리가 멀어져 갔다. 이는 야고보 살아생전에 불거진 긴장 관계였으나 그의 사후, 특히 주후 70년 예루살렘 성전이 파괴되면서 그의 계보를 이어 간 유대인 기독교 세력은 반바울적인 행보를 더욱 강화하여 노골적인 반대 입장을 고착시켜 나갔다. 그 결과 그들은 몇 세기 더 명맥을 유지했으나 점차 변두리로 소외되면서 소종파로 전전하다가 역사의 지평에서 사라져 갔다. 야고보서와 유다서의 전승 자료로 신약성서에 흔적을 남겼지만, 그 후세대의 사람들이 남긴 자료는 자신들의 보수 정통성을 표나게 내세우면서 바울의 이방인 기독교를 폄훼하는 부정성을 강화해 갔다.

의인 야고보는 '낙타 무릎'으로 지켜야 할 신앙 공동

체를 목숨 걸고 끝까지 지켰다. 그러나 그의 주변 보수적인 유대인 신자들은 품을 넓히고 더 활짝 열어 세상의 빛으로 나아가는 행보가 굼떴다. 이는 예수께서 제자들을 향해 "누가 내 어머니이며 내 형제들이냐"라는 물음과 함께 던진 성찰적 질문이 역사에 어떻게 반향되었는가 하는 질문과 함께 아픈 교훈을 던진다. 오늘날에도 공교회의 공적인 신앙을 견지하고 그 책임 있는 리더로 살고자 하는 사람들에게 혈통 가족은, 경우에 따라 다사로운 둥지의 우군이 되지만 동시에 담임 목사직 세습 등의 사례에서 보듯 그 열린 지평을 봉쇄하여 옹색하게 찌그러 들게 하는 이중성의 아이러니를 드러내곤 한다. 이 점을 후세의 기독 신자들은 서늘하게 짚어 봐야 할 것이다.

8

게바

우직한 정공법의 제자도

게바라 불리던 베드로는 예수의 열두 제자 중 수제자로 알려져 있다. 어부 출신으로 일찍이 그는 아우 안드레와 함께 갈릴리 해변에서 사람 낚는 어부가 되게 하겠다는 예수의 초청에 응하여 제자로 부름 받았다. 그가 예수의 제자로 따라나서기까지 적잖은 진통이 있었을 것으로 추론된다. 복음서는 그 자세한 내막을 감추고 있으나 가버나움에 살던 그의 장모가 열병을 앓다 예수의 치유를 받고 회복한 것은, 베드로가 아내를 버리듯 출가해 버린 충격으로 생긴 일종의 화병이었을 가능성이 있다. 그러나 베드로가 자신의 유랑적 복음 선교 활동에 "믿음의 자매 된 아내"를 데리고 다녔다(고전 9:5)는 바울의 회고는, 그가 제자로서 나름의 위상을 확립하고 예루살렘에 정착한 이래 갈릴리의 가족들을 데리고 와서 함께 그곳에 정착했고 이후 그의 선교 동선을 따라 그의 아내도 함께 이동하면서 동역했을 가능성을 엿보게 한다.

우직한 의리로 직진하는 사람

그가 명실공히 '수제자'로 명패를 달고 부상하게 된 계기가 단순히 나이나 부름 받은 순서에 따른 결과였던 것 같지 않다. 예수의 열두 제자 중에서도 그는 형제지간인 안드레, 이웃이었던 요한 및 야고보와 함께 내부의 소수 측근 제자로 일찌감치 활약했다. 안드레는 들쭉날쭉하지만 이들 네 명의 제자 또는 안드레가 빠진 3인방 제자는 야이로의 딸을 살리는 실내 공간, 감람산에서 말세 예언을 들려주는 각별한 자리, 겟세마네에서 예수의 기도 장소에 근접한 곳까지 따라가 별도의 부탁을 받는 친근한 제자들로 조명을 받는다. 이들 중에서 베드로는 특별히 우직하고 더러 용감무쌍했다. 예수를 따라 물 위를 걷다가 빠진 이야기나 예수가 체포되던 겟세마네에서 칼을 빼서 대제사장의 종 말고의 귀를 내리치던 결기, 심문 받던 대제사장의 뜰까지 잠입하여 동태를 살핀 담대함 등은 그의 우직한 의리를 잘 보여 주는 사례이다.

그러나 그가 수제자 이미지로 각인된 결정적인 계기는 따로 있었다. 빌립보 가이사랴로 멀리 원족에 나섰을 때 예수는 제자들에게 "사람들이 나를 누구라고 하느냐"라고 물었다. 아마도 자신의 정체성에 대한 세평이 궁금했었던가 보다. 그에게 들려온 대답은 엘리야, 예레미야, 세례자 요한, 예언자 중 일인 등이었다. 연이어 그는 제자들에게 "너희는 나를 누구라 하느냐"라는 질문을 던졌고, 그 순간 잽싸게 베드로가 나서서 "주는 그리스도시요 살아 계신 하나님의 아들이시니이다"라는 신앙고백적 대답으로 칭찬을 들었다.

그러나 예수의 기대와 달리 베드로가 인식한 메시아상은 강력한 물리적인 힘으로 당시 언약 백성의 땅을 짓밟으며 식민지화하던 이방 족속 로마 제국을 물리칠 만한 정치적인 메시아였다. 장로와 대제사장들에 의해 수난당하고 십자가에 죽는 메시아는 베드로에게는 상상할 수 없는 가능성이었을 것이다. 베드로는 예수가 그런 엉뚱한 길로 가려 하는 낌새를 눈치채고 우직하게 감히 스승을 꾸짖는

투로 가로막다가 "사탄아, 내 뒤로 물러가라"라는 질책을 들어야 했다. 이는 앞서 그의 신앙고백적 답변과 이에 따른 예수의 권위 부여, 곧 "내가 이 반석 위에 내 교회를 세우리니"라거나 "내가 천국 열쇠를 네게 주리니"라는 영광스러운 특권과는 대조적인 상반된 논조의 발언이었다. 그 두 가지 대화에서 발견할 수 있는 공통점은 우직한 정공법으로 직진하는 베드로의 기질적 특징이다.

교회의 반석, 굼뜬 제자, 교회의 기둥

어쨌든 이 에피소드를 기반으로 베드로는 교회를 세우는 반석으로 그 이미지가 기독교 전통 속에 각인되었다. 물론 교회가 세워지는 그 반석이 베드로라는 인물의 수위권(supremacy)이 아니라 그의 신앙고백이라는 개신교의 재해석이 있긴 하다. 그러나 가톨릭교회는 여전히 베드로를 초대 교황으로 설정한 전통에 입각하여 그를 교회의 기원을 이룬 아버지 같은 인물로 추켜세우려는 경향이 강하다. 바울 사도는 교회의 반석과 연계된 이 베드로 수위권 전통이 껄끄러웠는지 고린도 교회에 생긴 게바파를 겨냥하여 그리스도 외에 교회의 또 다른 반석이 없음을 강조하며(고전 3:11) 그 반석 위에 또 다른 반석을 세우고자 한 베드로 추종 세력을 은근히 비판한 바 있다.

공관복음서에 드러나는 수제자로서 베드로의 위상과 위용에 비해 요한복음에서 그의 처지는 다소 모호하다. 여전히 주목받는 제자의 위치에 있는 것은 분명하지만 여기서 베드로는 이른바 '사랑받는 제자'(개역성서의 표현으로는 '사랑하시는 제자')라는 익명의 제자와 미묘한 경쟁 관계에서 늘 한 박자 늦거나 처지는 행보를 보여 준다. 마지막 만찬의 자리에서 누가 예수를 팔 자인지 확인하는 대목이나, 예수가 잡혀간 대제사장의 뜰에 잠입하는 과정에서, 또 예수의 부활 현장을 찾아 도착하는 순서에서 베드로는 사랑받는 제자에 비해 다소 굼뜨거나 한 터울 격조한 관계의 구도를 드러낸다. 요한복음을 전승한 신앙 공동체에서는 아마도 베드로를 중심으로 하는 기독교 리더십을 견제하거나 그의 실수와 결핍을 문제시하면서 좀 더 바람직하고 이상적인 대안의 제자도로 이 익명의 '사랑받는 제자'를 내세웠을 가능성이 있다. 후대의 기독교 전통이 주입하듯 그 익명의 제자가 딱히 세베대의 아들 요한이었을 가능성과 니고데모 등 다른 인물이었을 가능성, 나아가 실제의 역사적 인물과 무관하게 문학적으로 고안된 가공의 인물이었을 가능성 등을 두고 학계에서 논란이 분분하다.

사도행전에 투사된 베드로는 오순절 성령 강림 사건 이후 예루살렘과 그 주변 지역에서 초장에는 요한과 함께,

나중에는 독자적으로 복음 선교를 주도하는 가장 핵심적인 주인공으로 묘사된다. 그러다가 사도행전 15장을 전후로 예루살렘 교회의 주도권은 예수의 동생 야고보에게 집중되고 베드로는 그의 권위 아래 유대인 선교를 맡아 파송받아 활동하는 대표적인 선교사 사도로 부각된다. 그의 이러한 활동마저 사도행전 중반 이후로는 자취를 감추고 그 자리를 이방 선교의 주역으로 급부상한 사도 바울에게 넘겨준다.

한편 갈라디아서의 기록에 의하면, 베드로는 예루살렘 교회 중심의 선교 활동이 펼쳐지던 무렵 예수의 동생 야고보, 요한과 더불어 삼두 체제를 형성하여 바울 등 주변 사람들이 그들을 교회의 '기둥'으로 인식할 정도로 꽤 중요한 위치에서 교회의 제반 사역을 통솔하고 있었다. 이후 베드로는 예루살렘을 떠나 욥바 등지에서 선교 사역을 하다가 마침내 팔레스타인을 벗어나 이방 지역으로 순회하면서 고린도까지 들러 인근의 교회들을 방문하여 그 추종자들을 만들어 놓았다. 그리하여 예루살렘에서 로마에 이르는 긴 선교 여행의 동선에서 그는, 마가 요한을 통역관으로 대동하여 유대인 기독교 신자뿐 아니라 이방인 신자들까지 포괄하여, 예수의 대표적인 제자로서 다양한 지역에서 복음을 전하며 그 행보를 넓혀 간 것으로 보인다.

베드로는 유대인으로서 이방인을 예수의 구원사 가운데 포용하는 문제로 나름의 홍역을 치러야 했다. 사도행전의 기록대로 그는 백부장 고넬료의 집을 찾아간 전후 경험 속에 하나님이 거룩하게 하신 것을 자신이 더럽다고 정죄할 수 없다는 것을 깨달았으나 평생 유대인의 습속대로 살아온 전통의 기준이 한꺼번에 무장해제될 수는 없는 노릇이었다. 그로 인해 그가 안디옥에 머물 때 이방인 형제들과 식탁 교제를 나누던 자리에서 예루살렘 교회의 야고보가 보낸 율법 친화적인 유대인 신자들이 도착하자 함께 식사하던 이방인 신자들을 무안하게 하고 수치심을 느끼게 하는 비겁한 행동을 함으로써 까마득한 후배 사도 바울에게 질책을 당하는 수모를 겪기도 했다(갈 2:11-14).

계속 넓어져 간 구원과 비전, 삶의 지평

로마에서 기독교 핍박이 일었을 때 베드로가 순교한 역사적 사건은 클레멘스 서신을 필두로 테르툴리아누스, 오리게네스, 에우세비우스 등의 기록에서 확인된다. 이에 앞서 요한복음의 부록에 해당하는 21장은 베드로의 최후에 대한 예언적 암시로 다음과 같은 주목할 만한 기록을 남긴다. "네가 젊었을 때에는 스스로 허리띠를 매고 원하는 곳으로 다녔다. 그러나 늙어서는 네가 두 팔을 벌리면 다른 이들이 너에게 허리띠를 매어 주고서, 네가 원하지 않는 곳으로 데려갈 것이다"(요 21:18, 새번역). 한편 후대의 외경 문서인 '베드로행전'은 그의 죽음에 얽힌 자세한 전설을 남겨 놓았다. 로마의 핍박 상황에서 그가 교우들의 조언에 따라 변장하여 빠져나와 아피온 가도를 따라 걸어갈 때 예수가 그에게 나타나 다시 십자가에 못 박히러 간다고 말씀하시자 그 환상에 정신이 번쩍 든 베드로가 로마로 돌아가 겸양의 자세로 거꾸로 뒤집혀 십자가에 달려 순교했다는 것이다.

베드로는 이처럼 우직한 정공법의 제자로 출발하여 한 시절 격정을 불사르며 예수의 하나님 나라 운동에 동참했고, 예수가 부재한 상태에서 맏형처럼 생성기 교회를 건사하며 열심히 선교 활동을 펼쳤다. 그 흐름 속에 그는 팔레스타인과 유대인 종교 전통의 울타리를 넘어 마침내 당시 세계의 중심이었던 로마까지 건너갔다. 그가 어떻게, 얼마나 자신의 선교적 생애의 지평을 넓혀 보편주의적 세계 구원의 비전을 키워 나갔는지는 그의 이름으로 전승된 베드로전·후서 두 서신을 통해 암시된다. 만년의 그는 제고집과 신념마저 누그러뜨리고 허리띠를 매어 스스로 원하지 않는 곳으로 다니며 하나님의 뜻을 구하고 복음을 전파할 만큼 온화하고 부드러워졌던 것으로 보인다. 나이 들어 갈수록 그 삶의 공간적 확장이 어떻게 그 사람의 공생애를 성숙시켜 가는지 베드로의 일생은 넌지시 암시한다.

9

세베대의 아들 요한

천둥의 아들에서 사랑의 사도로

사도 요한은 예수의 12제자 중 1인으로, 일찍이 갈릴리 바닷가에서 시몬 베드로와 안드레 형제 다음으로 제자로 부름을 받았다. 시몬과 안드레 형제가 예수를 따르기로 작정할 때 포기한 것이 그물뿐이었으나(마 4:20), 세베대의 아들들은 예나 지금이나 그 값이 만만찮은 고가의 사산인 배까지 포기해야 했다(마 4:22). 이로 미루어 요한은 바닷가 어부 집안 출신이었지만 그 생활 형편이 비교적 유복한 환경에서 태어나 성장했을 가능성이 있다. 야고보가 형이었고 요한은 그 밑의 동생이었는데 둘 다 성격이 급하고 괄괄했는지 예수로부터 '우뢰의 아들'이란 뜻의 "보아너게"라는 별명을 얻기도 했다(막 3:7). 그도 그럴 것이 이 두 형제는 사마리아의 한 마을 사람들이 자신들을 환영하지 않자 하늘의 불을 내려 그들을 당장 멸망시키는 게 마땅하지 않겠냐는 투로 예수에게 제언하기도 했다(눅 9:54).

괄괄하고 성급한 성격의 형제

이 형제는 또한 정치적인 야망도 적지 않아서 예수의 종교적 카리스마와 대중적 명망을 이용해 자기들도 그 좌우편에 한 자리씩 차지하려는, 예수 왕국이 실현되는 즉시 2인자로 권력을 누려 보려는 욕심을 노골적으로 드러내며 예수 앞에 청탁성 압박을 하는 짓도 서슴지 않았다(막 10:35-37). 그 청탁을 실현하기 위해 모친의 치맛바람까지 동원한 것으로 미루어 이러한 야욕은 꽤 집요하고도 일관되게 지속되었던 것 같다. 물론 이러한 요청은 예수에 의해 일거에 패대기쳐지며 하나님 나라의 본의를 오해한 망발로 즉각 질타를 받았지만, 이는 그들의 성격과 성향을 엿볼 수 있는 흥미로운 에피소드다.

이러한 복음서의 사례는 예수의 제자들 이야기 중에

특별히 주목할 만한 제자들의 일화에 해당한다고 보고 기록으로 남겼을 테다. 이는 뒤집어 보면 그들의 열심에 유별나게 주목할 만한 구석이 있었다는 방증이다. 그런 이유 때문인지 요한은 일찍이 형 야고보와 함께 베드로를 포함하는 3인방 측근 제자 그룹을 형성해 예수의 12제자 중에서도 그의 동선과 밀착하여 지척에서 동행하며 그의 사역과 행적의 주요 현장을 목격하는 특권을 누리기도 했다. 가령 요한과 야고보는 다른 두 측근 제자와 함께 야이로의 죽은 딸을 소생시키는 실내의 현장과 변화산 현장에서 그 사건을 목격하는 증인이 되었고, 겟세마네에서도 비록 졸기는 했지만 가장 근거리에서 예수와 함께 기도해 달라는 부탁을 받기도 했다.

형 야고보는 12사도 중 제일 먼저 헤롯의 핍박 가운데 순교를 당해 세상을 떠났다(행 12:1-2). 추측하건대 선교 활동 현장에서 이런 때 이른 죽음은 그가 보인 괄괄하고 성급한 성격과도 무관치 않았을 것이다. 야고보의 자리를 대체하여 초기 예루살렘의 삼두 체제 '기둥' 사도 리더십을 발휘한 사람은 주의 형제, 곧 예수의 친동생인 또 다른 야고보였다. 야고보는 주로 예루살렘 공동체 내부의 조직 운영과 관리에 힘쓴 데 비해 요한은 시몬 베드로와 함께 외부의 선교 활동에 주력한 듯 보인다. 그 일례가 예루살렘 성전

미문에 앉아 있는 걷지 못하는 장애인을 고치는 기적을 행할 때 요한이 베드로와 함께 대표 사도 2인으로 등장하는 이야기다(행 3:1-10). 이 두 사람에 대한 사도행전 저자의 애정 어린 언급은 한 번 더 나오는데, 예수가 예루살렘에서 함께 유월절 식사를 나눌 공간을 예비하러 보낼 때 이 두 제자를 함께 보냈다는 기록이 그것이다(눅 22:8).

사랑받는 제자의 발자취

요한복음에 등장하는 이른바 주의 '사랑받는 제자'(사랑하시는 제자, the beloved disciple)가 사도 요한과 동일인인지, 요한1·2·3서의 저자인 장로가 사도 요한과 같은 인물인지, 로마 제국의 도미티아누스 황제 치세기에 벌어진 소아시아 지역의 기독교 핍박 상황에서 밧모섬으로 유배당해 거기서 놀라운 환상 가운데 종말론적 묵시를 보고 계시록을 기록한 저자가 사도 요한인지 등의 여부는 관련 학계에서 줄기차게 논쟁 중이다. 동일인으로 보는 보수적인 관점과 다른 인물로 보는 비평적인 관점이 각기 엇갈리는데, 어느 쪽도 딱히 단정할 만한 확고한 증거는 없다. 각 문서에 붙은 제목은 본문의 생산 시점보다 훨씬 후대의 전승이므로 그것을 저자 문제를 해소할 증거로 못 박아 결론을 내리기는 쉽지 않은 것이다.

교회사의 전승을 보수적으로 수용하여 그 모든 신약성서의 문서와 고대 교부들의 기록을 전향적으로 수용할 경우, 사도 요한의 활동 반경과 공동체 내의 위상, 그리고 초기 교회에 대한 영향력이 상당했을 것으로 파악된다. 먼저 요한복음만 살펴봐도 주의 사랑하는 제자로서 사도 요한의 위상은 베드로보다 더 앞서거나 실수 잦은 베드로의 제자도를 보완, 극복할 만한 대안적 제자도로 그려진다. 예컨대 마지막 만찬 자리에서 주의 사랑하시는 제자는 예수의 품에 안겨 친밀함을 드러내는 데 비해 베드로는 그 사랑받는 제자에게 주를 팔 제자가 누구인지 여쭈어 보라는 부탁을 건네는 정도다. 주를 버리고 도망친 제자 중 유일하게 베드로가 대제사장 가야바의 뜰 안에 들어갈 수 있었던 것은 가야바 집안과 친분이 있던 주의 사랑하는 제자의 도움 덕분이었다. 나아가 돌무덤이 열렸다는 예수 부활의 소식을 듣고 베드로와 주의 사랑하는 제자가 함께 무덤으로 달려갔는데 그 달음박질 끝에 먼저 도착한 제자는 베드로가 아니라 주의 사랑하는 제자로 묘사된다. 그에 앞서 예수가 십자가에 달려 모진 고초를 당하다가 숨질 때까지 그 끔찍한 현장을 시종일관 지켜본 제자, 예수가 자기 육신의 어머니 마리아를 의탁하며 새 모자 관계를 맺어 준 제자도 다름 아닌 주의 사랑하는 제자, 곧 사도 요한이었다.

공동체적 환대의 복음

이러한 요한 전승의 이야기가 후일담으로 펼쳐져 이후 요한은, 바울 사도의 에베소 사역이 디모데 등의 제자들에게 이월돼 후속 사역이 이어질 무렵 또는 그보다 좀 더 앞선 시점에, 예수의 모친 마리아를 모시고 에베소에 정착해 꽤 길게 그곳 교회를 중심으로 목회 및 선교 사역을 이어 갔을 것으로 추론된다. 그곳에 먼저 자리 잡은 바울계 기독교 세력과 후속 선교단을 이끈 요한계 기독교는 복음 전파라는 공동 목표 아래 서로 연대하기도 하고, 경우에 따라 경쟁하는 관계로 발전해 나갔을 것으로 학자들은 추론한다.

요컨대 주후 60-90년경 요한은 소아시아를 중심으로 기독교 안팎으로 번져 가며 세력을 떨쳐 가던 거짓 선생들의 위협에 맞서 교회 공동체를 방어하고 정통 교리를 보존하는 일에 주력한 것으로 보인다. 특히 사도 요한은 예수가 육신을 입고 오셨다는 것을 부인하는 초기의 가현설이나 형제 사랑이 결여된 교권주의, 유랑하는 나그네 전도자를 환대하지 않는 배타적 종파주의 등에 대항하여 사랑과 환대의 복음을 기독교 신앙의 핵심적 실천 과제로 강조했다. 이러한 주제는 요한1·2·3서에 잘 반영되어 나타난다.

나아가 주후 90년 이후 도미티아누스가 황제 숭배를

강요하면서 소아시아 지역의 교회들에 대대적인 핍박이 일어난 상황에서 이를 배경으로 하나님의 종말론적 심판을 경고한 책이 요한의 저작으로 알려진 계시록이다. 이 책은 신약성서에서 유일하게 묵시문학 장르의 저작으로 분류되는데, 일차적으로 소아시아 지역 일곱 교회를 깨우치는 동시에 장차 나타날 핍박과 환란에 대비해 성도들이 굴하지 않고 끝까지 견디면서 충실하게 믿음을 지킬 것을 독려하는 소망의 메시지로 가득 차 있다.

오래 참고 견디는 사랑의 사도로

날 때부터 눈먼 자를 예수가 고친 요한복음 9장의 이야기는 요한의 신앙 공동체가 회당에서 출교당한 사람들을 중심으로 뭉치기 시작하면서 출범한 배후의 사실을 검증하는 핵심 텍스트로 주목받아 왔다. 배척당하고 쫓겨난 자들은 누구나 원한과 분노의 마음을 품게 마련이다. 그들처럼 사도 요한도 처음에는 "우뢰의 아들"이라 불릴 만큼 성격이 강파르고 성급하여 자기 일행을 박대한 마을에 하늘에서 불 심판이 내리길 갈망하지 않았던가. 하지만 이후 그는 예수의 사랑을 흠뻑 받으면서 점점 더 온유하고 다정한 사랑의 사도로 변해 갔다. 그의 형 야고보는 그 성미대로 거칠게 운신하다가 12제자 중에서 굵고 화끈한 삶을 순교로 마무리하며 가장 일찍 죽었다. 반면 동생 요한은 긴 환난의 고통 속에 연단을 받으며 오래 참고 견디면서 사랑의 사도로 변신해, 요한복음 21장에 암시된 대로 가장 오랫동안 가늘지만 긴 삶을 영위했다. 그 기간 내내 그는 교회를 지키며 예수의 충실한 제자로, 복음의 증인으로 제 몫의 역할을 톡톡히 수행했다.

교회사 전승에 의하면, 사도 요한은 도미티아누스 황제가 죽은 뒤 밧모섬에서 에베소로 돌아가 이런저런 문서를 작성하고 교회에서 설교 사역을 꾸준히 하면서 줄곧 사랑의 메시지를 전했다고 한다. 그 단조로운 설교 메시지에 불평을 토로하는 사람도 있었으나 그는 서로 사랑하는 것이야말로 주의 명령이고 그것만 잘 지켜도 충분하다고 답했다. 이런 연고로 후대의 제자들은 그를 '사랑의 사도'로 칭하곤 했다. 교회사의 전승은 그가 이후 핍박 가운데 순교하지 않고 트라야누스 황제 때까지 생존하면서 주후 100년경 자연사한 것으로 본다.

10

스데반과 빌립

징검다리 전도자의 죽음과 삶

역사에는 한 세대가 숙지고 또 다른 새로운 세대가 출현하여 주된 사명을 이루어 갈 때 그 사이에 징검다리 역할을 하는 전환기의 인물들이 더러 등장한다. 구약 시대의 예언 활동이 소강상태로 접어들고 신약 시대에 예수의 본격적인 활동이 개시될 무렵, 예수와 동시대에 출현했으면서도 예수의 앞길을 예비하는 것이 자신의 사명이라고 인식한 세례 요한이 그 대표적인 사례다. 그 밖에도 예수의 열두 제자들과 이방인의 사도 바울 사이에 선교적 교두보를 놓은 사도행전의 일곱 제자들 또한 그런 전환기의 인물로 꼽을 만하다.

예수의 열두 제자들은 팔레스타인 출신의 토착 유대인으로 부름을 받아 구약 시대 열두 지파의 상징체인 열두 사도의 리더십을 형성해 갈릴리 지역에서 예수와 함께 활동하다가 이후 초기 선교 사역을 주도하며 그 외연을 확장해 나갔다. 그런가 하면 디아스포라 출신의 후발 주자로 선교 사역에 동참한 사도 바울은, 멀리 이방 지역을 다니며 복음을 전파하여 이방인 신자들을 중심으로 곳곳에 교회를 개척하는 등 뛰어난 성과를 거두었다. 이러한 초기 선교 사역의 지형 속에 유대인 기독교와 이방인 기독교의 긴장 어린 구도를 휘저으며 그 둘 사이에 신학사상적으로 징검다리 역할을 한 집단이 이른바 '헬라파' 일꾼으로 알려진 그 일곱 명의 사역자들이었다.

사도와 회중 사이, 일곱 명의 헬라파 일꾼들

교회사의 전통은 사도행전 6장 5절에 등장하는 그들 일곱 명을 '집사'라는 호칭으로 부르지만 그들의 직위와 직분이 딱히 후대의 그런 호칭과 일치하는 것이 아니다. 그들에게 부여된 사역의 내용과 임무가 후대의 '집사' 직분을 연상시켜 주는 측면이 있기에 집사 직분의 기원과 원형을 그들에게서 찾으려는 시도는 일리가 있다. 그러나 그들의 정체성은 후대에 교회의 제도화 과정에서 본격적으로 형성된 직제의 일부인 집사와는 직접 상관이 없다. 사도행전에 쓰여진 그들의 임무가 '디아코네인'(diakonein)이라는 헬라어 동사의 부정사로 표현되었지 '섬기는 자'라는 뜻의 명사 '디아코노스'(diakonos)로 표기된 것도 아니다. 사도들의 핵심 사역으로 적시된 기도와 말씀 전파의 일도 똑같은 어휘 '디아코니아'(diakonia)로 표기된 점으로 미루어 보건대, 그들 일곱 명의 제자들이 행한 사역의 내용이 열두 사도들의 사역과 비교하여 우열의 관계로 자리매김된 것이 아님을 알 수 있다.

그들 일곱 명의 제자들은, 헬라파 과부들이 공동체의 식탁 나눔에서 히브리파 과부들과 견주어 소외되는 현실로 인해 원망과 불평이 생기자 그 일을 공정하게 받들어 섬기기 위한 목적으로 교회 내 일꾼으로 세워진 데서 최초로 그 존재가 확인된다. 그러나 흥미롭게도 이들이 그러한 일에 얼마나 열심을 냈으며 어떻게 복무했는지 사도행전의 관련 자료는 일언반구 언급이 없다. 그 대신 그늘 중 대표적인 인물 두 명, 곧 스데반과 빌립이 어떻게 열두 사도들이 행한 말씀 전파와 세례 주는 일을 수행했는지 그 대략의 행보를 보여 줄 뿐이다. 더구나 이 두 사람은 믿음과 성령이 충만한 이들로서 리더십의 기본 조건을 충족했을 뿐만 아니라 예수와 다른 주요 사도들처럼 기적을 행하는 등 영적인 권능이 출중한 것으로 묘사된다.

그리스도를 따른 헬라파 유대인

스데반은 헬라어를 구사한 헬라파 유대인으로, 공정한 식탁 나눔의 일을 섬기기 위한 목적으로 선출한 일곱 명의 사역자 중 한 명이었다. 여기서 '헬라파'라고 하는 것은 정치적·종교적 파당을 가리키는 개념이 아니다. 그보다는 헬레니즘이라는 당대 주류의 세계 사조를 개방적인 자세로 수용하여, 그러한 사상적 관점으로 성서를 해석하고 이해하는 일련의 흐름 속에 그들이 일정한 교양과 지식을 갖출 교육의 기회가 있었음을 암시한다. 그의 헬라어 이름 스테파노스(Stephanos) 또한 그가 유대인으로 보수적인 전통에 집착하기보다 헬레니즘이라는 세계 사조에 열려 있던 사상적 배경을 적절히 설명해 준다.

그가 기적을 행했다고 하지만(행 6:8) 어떤 기적이었는지 자세한 이야기는 전하지 않는다. 다만 그가 대중 전도 활동 중에 고발을 당해 산헤드린 공회 앞에 끌려와 복음을 변증한 긴 연설이 사도행전 7장의 기록으로 남아 있을 뿐이다. 이 연설은 이스라엘의 역사를 요약하되, 아브라함 이후의 구원사를 중심으로 창세기의 족장들이 어떤 이력을 밟아 왔는지 설명하고, 모세와 함께 진행된 출애굽 사건과 그 이후 이스라엘의 행로, 특히 그들의 패역에 초점을 맞춰 예수의 시대에 이르기까지의 긴 역사적 서사를 압축적으로 제시한다.

그가 산헤드린 공회 사람들을 자극하여 분노케 하고 마침내 투석형으로 죽음에 이르게 된 죄과는, 예수가 성전을 허물어 버릴 것이라는 예언을 선포한 것과 모세의 율법 전통을 모독했다는 혐의였다. 그 두 가지 혐의는, 익숙한 유대교 전통이 하나님을 인간이 지은 성전에 가두어 버리는 형태가 되어 버린 종교 제의적 전통에 대한 비판과, 모세의 율법을 문자주의적 족쇄로 변질시켜 버린 나머지 의인 예수와 성령을 거부한 점에 대한 질타로 구체화된다. 이는 헬레니즘 계통의 관점에 비추어 유대교 신앙을 재해석한 디아스포라의 종교적 사유를 대변한다.

이 연설로 인해 스데반은 최초의 기독교 순교자에 등극한다. 특히 그가 기적을 행했을 뿐 아니라 산헤드린 공회 앞에 재판을 받은 점, 자신을 돌로 쳐 죽이는 자들을 위해 용서를 비는 기도를 한 점 등에서 예수와의 유사점이 발견되는 특징에 주목하여 일부 학자들은 스데반 이야기가 저자의 창작물이 아닐까 의심하기도 한다. 그 가운데 추론되는 저자의 경건한 의도는, 그리스도의 모델을 따라 사는 신앙이 거룩한 삶의 길임을 교훈하기 위함이었으리라는 것이다. 그러나 스데반이 순교에서 보여 준 마지막 장면, 즉 자신의 고통스러운 죽음을 흔쾌히 수용하며 그 영광의 측면을 암시하는 대목은, 예수의 경우처럼 죽음과 사투를 벌인 겟세마네 기도 현장의 인간적 고뇌와 슬픔이 제거된 채 다분히 헬레니즘 계열의 정형화된 영웅적 죽음을 연상시킨다는 점에서 그 차이점도 명료하다.

헬레니즘 계통의 기독교 흐름

일곱 명의 예루살렘 교회 사역자로서 빌립은 흔히 사도 빌립과 구별하기 위해 "전도자 빌립"이라 일컬어진다. 그 역시 스데반처럼 기적을 행했고 스데반의 순교 이후 사마리아 지역에서 활동했다. 그 사마리아 선교 사역에서 얻은 회심자 중 한 명이 이단 기독교의 원조로 거론되는 시몬 마구스(Simon Magus, 마법사 시몬)이다. 빌립에 대한 사도행전의 첫 기록 이후 그에 대한 언급은 몇 군데 더 탐지된다. 사도행전 8장 26-39절에서 빌립은 예루살렘에서 가자로 내려가는 길에 에티오피아 내시를 만나 그에게 말씀을 강론하여 깨닫게 했고 세례를 주기까지 했다. 추후 그는 가

이사랴에 예언을 하던 네 딸과 함께 살면서 사도 바울의 방문을 받고 그와 동행자들을 환대했다(행 21:8-9). 사도행전과 짝을 이루는 누가복음 10장의 자료에 기대어 일각에서는 거기서 예수가 파송한 70명의 제자 중 한 명이 바로 이 빌립과 동일인이었고 이에 따라 그를 70명 제자군에 속하는 사도라고 명명하기도 한다.

이 두 명의 헬라파 제자들에 대해서는 사도행전 외에 별도의 의미심장한 기록이 1세기에 현전하지 않는다. 다만 후대의 교회사 전승에서 스데반이 일곱 명 중에 나이가 가장 연장자여서 그를 수석집사(archdeacon)로 존중하는 정교회의 전통이 남아 있다. 빌립에 대해서도 가이사랴 체류 이후의 동선과 관련하여 희미한 전승이 후대의 기록으로 남아 있을 따름이다. 이에 따르면 빌립은 사도로 파송을 받아 아나톨리아의 트랄레스(Tralles)라는 곳에 정착한 뒤 복음을 전하고 교회를 개척했고 그 교회의 첫 감독으로 복무했다고 한다. 예언을 하던 그의 네 딸 중에 헤르미니오네(Herminione)는 거기서 가난한 자들을 섬기는 일에 열심을 내었고, 또 다른 딸 유키디아(Eukhidia)도 의료 사역으로 언니의 구제 사역을 돕다가 로마의 핍박 때 참수되어 순교했다고 한다.

이러한 전설적인 자료와 별도로, 학자들은 스데반과

빌립을 위시한 이 일곱 명의 제자들을 열두 사도들과 그 출신 배경은 물론 사상적 배경이 다른 헬레니즘 계열의 지도자들로, 열두 사도들과 연대하고 협력하면서도 은근히 경쟁하며 1세기 중반 교회의 선교 활동에 한 축을 담당한 예루살렘 교회의 또 다른 세력으로 평가한다. 그들의 주요 사역으로 사도행전이 기록한 것은, 교회 공동체 내부의 식탁 교제에서 음식을 공궤하는 일이 아니라 열두 사도들이 행한 것과 같은 기적과 말씀 전파, 세례 등의 외부 선교 활동이었다.

바울의 세계 선교로 이어진 징검다리

이 두 사람으로 대표되는 헬레니즘 계통의 기독교는, 정치적·신학적 맥락에서 궁극적으로 유대교의 성전 제의 등 민족주의적 관습과 일정한 거리를 유지하면서, 장차 할례와 무관한 은혜의 복음으로 이신칭의의 기치를 내세우게 될 이방인의 사도 바울에게로 이어지는 징검다리 역할을 한 것으로 조명된다. 사도 바울은 다메섹 회심 사건 이전에 스데반의 죽음에 대한 책임에 스스로 동참하여 그 증인으로 자처한 인물이었다. 그러나 이후의 역사는 바울이 예루살렘의 종교적 권위와 부대끼고 버성기길 무릅쓰면서까지 이방 세계에 복음을 편만하게 전파해 나간 과정에

스데반과 빌립으로 대표되는 헬라파 제자들의 죽음과 삶이 확보한 희생적 교두보가 있었음을 보여 준다. 아이러니의 궤적이 아닐 수 없다.

11

마가 요한

벌거벗은 익명의 청년 제자

예수의 12제자 범주에 끼지 못했을 뿐 아니라 초기 교회의 유력하고 유명한 사도도 아니었으나 첫 복음서의 저자로 알려진 인물이 있다. 그에 대한 산발적인 기록을 모아 분석해 보면, 그는 주인공이 아니라 조역의 인물에 가깝고 때로 엑스트라 비슷한 위상으로 역사 속에 들락거린 흔적이 짙다. 그의 이름은 마가 요한이다. '야웨가 은총을 보여주셨다'라는 뜻의 유대인 이름 요한(Yōhānān)에 로마 이름

마가(Marcus)를 붙여 이중으로 이름을 짓는 것은 당시 헬레니즘 문화에 적응한 유대인들 사이에 통상적인 관행이었다. 그 관행에 따른 이름 '마가 요한'은, 그가 아마도 풍요한 가족을 배경으로 정상적인 교육을 받아 헬레니즘 문화를 습득하고 그 지식과 교양의 영향 아래 국제적인 무대에서 선교 활동을 추진할 잠재력을 갖추었다는 방증으로 볼 수 있다.

신약 곳곳에 등장하는 모습들

신약성서에서 그는 마치 그림자처럼 늘 다른 이의 곁에 덧붙어 등장한다. 사도행전 12장 12절에서 베드로가 감옥에서 나와 "마가라 하는 요한의 어머니"의 집으로 돌아가는 정황에서 그는 마리아의 아들로 슬쩍 스치듯 지나간다. 교회사가와 성서학자들은 이 짧은 한 구절에 추리력과 상상력을 동원하여 마가 요한과 그 가족에 대한 다양한 비밀을 추적했다. 그중에는 개연성 높은 역사적 사실도 암시된다. 가령 마가와 그의 어머니 마리아 가족이 초기 예루살렘 공동체의 기독교인들이 모이는 공간과 시설을 제공해서 그곳을 예배 장소로 사용했다는 것이다. 그 집의 주인 마리아는 로데(Rhoda)라는 여종을 둔 상당 규모의 주택 소유자로, 마가 요한은 이러한 물질적 부와 특권이 잠재된 환경에서 자랐으리라 보기도 한다(행 12:12-13).

　　사도행전의 이어지는 기록(12:25, 13:5)은 마가 요한이 바울과 바나바의 1차 선교 여행에 동행하여 조력한 것으로 그의 첫 공적인 위상을 조명한다. 무슨 일로 그들을 조력했는지는 언급되지 않으나, 여행의 잡다한 시중과 두 사도의 증언을 기록하는 일, 회심한 새 신자들의 교리 강습 등의 역할을 담당했으리라 추측된다. 그러나 그들이 아나톨리아 지역의 밤빌리아에 이르렀을 때 무슨 사정이 생겼는지 마가 요한은 바울과 바나바의 선교 대열을 이탈하여 집으로 돌아간 것으로 보인다. 혹여 부잣집 도련님처럼 성장한 마가 요한이 거칠고 고생스러운 선교 현장의 고난을 감내하지 못해서 너무 지치고 힘든 나머지 그들을 떠남으로써 실망을 안긴 것은 아닐까 추리할 수 있다. 그러나 그것은 사실의 대상이 아니라 상상의 영역일 뿐이다. 여하튼 이 실망스러운 일로 마가 요한은, 바울과 바나바의 2차 선교 여행에서 두 사람이 대판 싸우고 서로 헤어지게 되는 단서를 제공한 것으로 사도행전은 기록한다. 그에 대한 불신이 깊은 바울은 그의 동행을 거부했고, 아마도 혈통상의 인연으로 온정을 유지한 바나바는 그에게 또 한 번의 기회를 주고자 했다. 이에 그는 바나바와 함께 구브로(키프로스)로 들어가 선교 사역을 한 것으로 사도행전의 관련 기록이 종료된다.

한편 마리아가 제공한 이 예루살렘 공동체의 모임 장소에 대한 기록은 앞으로 소급되어 예수와의 직접적인 인연으로까지 추론되어 번지기도 했다. 즉 예수가 열두 제자들과 마지막 만찬을 나눈 곳이 마가 요한의 어머니 마리아가 제공한 다락방이었다는 추론이다. 이에 덧붙여 마가 요한의 가족은 예수가 기도하러 들어간 겟세마네 동산 일대를 사유 재산으로 소유했고, 예수의 체포 당시 벌거벗은 채 도망간 젊은이가 바로 그날 밤 그 동산을 지키는 임무를 부여받아 불침번을 서던 마가 요한이었다는 가설도 제기되었다. 후대에 알렉산드리아의 클레멘스 교부가 구전한 마가의 비밀 복음서 전승에 따르면, 마가 요한이 최후의 만찬이 있던 자리에서 세례를 받았고, 그 직후 세마포 천을 뒤집어쓴 채 예수를 따라나섰다가 그의 기도 장면을 목격하게 되었다고 당시 상황을 전한다. 이때 마가 요한은 체포당하는 예수를 버리고 도망친 자신의 모습을 참회하는 의미로 복음서에 마치 영화의 카메오 출현처럼 익명의 청년과 관련된 짧은 에피소드를 삽입해 놓았으리라는 관점이 있다.

벌거벗은 채 달아난 젊은이는 마가 요한인가?

그러나 마가복음의 그 기이한 에피소드에 대한 해석으로는 학자들이 추론한 결과 몇 가지 다른 관점들이 존재한다. 고대의 한 교부는 그 젊은이를 주의 형제 야고보로 보았고(에피파니우스), 또 다른 교부는 그를 세베대의 아들 요한으로 간주했다(요한 크리소스토무스). 한편 7세기의 교부 히에로니무스는 그의 정체에 대해 여주인의 유혹을 떨쳐 버리고 겉옷을 벗고 달아난 요셉과 같은 인물상으로 보았다. 이는 예수의 뒤를 따르고자 세상의 것들을 버리고 악한 사람들의 손아귀에서 도피해야 한다는, 금욕주의적 교훈을 담은 역사적 회고담이라는 관점이다. 현대의 성서학자들 가운데 일부는 이 인물이 마가 공동체의 구성원으로 당시 그는 모종의 저항 운동에 연루되어 위험에 처한 상태였기에 '보호적 익명성' 차원에서 신앙 공동체가 숨겨 주어야 했던 사람이라고 보는가 하면(G. Theissen), 또 다른 학자는 그를 수난 사건과 관련된 메시아의 예언이 표상된 인물로 해석하기도 한다(Loisy). 그런가 하면 모든 제자가 예수를 버리고 도망친 점에 착안하여, "용사 가운데 그 마음이 굳센 자도 그날에는 벌거벗고 도망하리라"는 아모스 2장 16절과 마가복음 13장 16절의 성서 구절에 암시된 대로, 제자들의 도피를 강조하기 위한 예언적 모티프로 간주하는 학자들도 있다(Klostermann, Schneider). 그러나 이 견해를 반박하면서 이 젊은이의 등장을 혼돈의 상황을 강렬한 인상 속에 부각시키는 묵시문학적 모티프의 사례로 보거나(Gnilka), 그 젊은이가 세마포 겉옷을 입은 점에 착안하여 부활 이야기에 등장하는 빈 무덤의 상황을 암시하는 은밀한 문학적 복선이 아닌가 추측하기도 한다(John Knox).

이처럼 고대와 현대의 다양한 해석적 관점에 기대면 마가 요한을 겟세마네의 젊은이와 동일시할 지분은 좁아진다. 그러나 마가복음의 저자가 마가 요한이란 전제에서 보면, 자신의 과오에 대한 참회적 동기를 이런 토르소(torso) 같은 장면 속에 감추어 놓았을 법도 하다. 이와 더불어 누가복음 10장의 70인 제자 파송 이야기에 기대어, 빌립과 마찬가지로 마가 요한도 그중 한 명으로 일찍이 복음 전파자로 활동했다는 긍정적인 추론이 제기된 바 있다. 물론 반론도 만만치 않다. 에우세비우스의 교회사에 인용된 히에로폴리스의 파피아스 전승에 따르면, 마가 요한과 그 가족은 예수와 별로 친하지 않았고 그가 당시에는 주 예수를 들어 본 바도 없고 따른 적도 없었다고 한다.

눈에 띄진 않지만 늘 곁에 있는 사람

사도행전의 껄끄러운 역사적 기억과 달리, 바울의 서

신은 그를 그리스도의 복음 전파를 위해 신실하게 일한 사람으로 기억한다. 빌레몬서는 마가를 "나의 동역자"로 칭하며(1:24) 애정을 표하고, 바울의 후기 서신으로 분류되는 디모데후서에서 바울은 디모데에게 마가가 자신의 사역에 유익하니 그를 데려오라고 특별히 부탁한다(4:11). 골로새서는 더욱 구체적으로 마가를 신약성서 기록 중 유일하게 바나바의 생질(조카)로 언급하면서, 그와 관련하여 골로새 교회에 특별히 명한 것이 있으니 그를 영접하라고 지시할 정도로 각별한 관심과 애정을 표한다(4:10). 그뿐 아니라 베드로전서도 마가를 "내 아들"이라 칭할 정도로 친밀감을 드러내는데(5:13), 이는 그가 바나바와 바울은 물론 훗날에 베드로와도 친분을 가질 정도로 마당발의 광폭 행보를 보였음을 암시하는 대목이다. 이 점에서 특별히 상기해야 할 것은 마가복음의 역사적 기원과 관련하여 2세기의 파피아스가 남긴 증언이다. 그는 마가 요한이 베드로의 통역자로 그의 선교 여행에 동역했고 그의 설교를 기록한 것이 마가복음의 토대가 되었다고 보았다.

이 정도가 신약성서의 기록을 재구성하여 조명할 수 있는 마가 요한이란 인물에 대한 정보이고 한계이다. 그 외에 주목할 만한 교회사의 전승으로는 3세기 히폴리투스가 마가 요한의 인물을 신체적인 특징과 관련해 언급한 부분이 있는데 그를 '손가락이 짧은' 사람으로 묘사한 것이다. 이 기록은 실제로 마가가 손가락이 짧은 단지증을 가진 사람이었는지, 아니면 마가복음의 끝부분이 12장 8절에서 갑자기 짧게 마무리되는 미완결성의 특징을 비유적으로 일컬은 것인지 논란의 여지가 있다. 교회사의 또 다른 전승에 의하면, 마가 요한은 로마에서 베드로가 순교한 뒤 알렉산드리아로 가서 복음을 전파하고 교회를 세우는 일에 주력했으며 그로 인해 알렉산드리아 교회의 초대 감독으로 추대되었다. 그 후 그의 죽음에 대한 기록은 매우 희미한데 4세기 마가행전의 자료 등에서 그 역사적 진정성이 미심쩍은 그의 순교 기록과 함께 그 최후가 언급되어 나올 뿐이다.

꾸준히 발돋움하는 사람

마가 요한은 타인의 그림자에 가려져 평생을 살았지만 쟁쟁한 초대 교회의 주인공 곁에는 늘 그가 있었다. 선교 조력자로, 증언한 말씀의 기록자로, 통역자로, 마침내는 새로운 아프리카 땅의 복음 전파자와 교회 개척자로 활약한 그는 전천후 사역자로 1세기 교회의 중요한 인물이었다. 인성이나 믿음의 약점이든, 풍요한 가정 배경으로 인한 부정적 여파든, 실수와 오류로 얼룩진 그 부정적 양상에도 불구하고 그는 조연도 지극한 자세로 꾸준히 발돋움하면 주연 못지않은 사명자로 재기할 수 있다는 희망을 담지한 인물로 기억될 만하다. 이렇듯 마가 요한은 생의 후반전이 활기찬 사람으로 살아간 것으로 보인다. 베드로의 영적 아들로, 바울의 믿고 의지할 만한 동역자로, 바나바의 평생 선교 파트너로 전후좌우 활보한 그는 이제 더 이상 예루살렘의 부잣집 도련님으로 머물 수 없었던 것이다. 복음의 진리와 성령의 감화로 사람이 진보한다는 것의 바람직한 예로 그는 후세의 귀감이 되고 모델로 삼기에 충분한 사람이었다.

12

막달라 마리아

여성 제자도의 모델

막달라 마리아는 그늘에서 일하며 변두리에서 빛을 발한 여성 제자로 우뚝한 인물이다. 신약성서 정경의 문헌 자료는 가부장주의의 관점에서 그녀의 비중과 위상을 약화하려 한 흔적이 엿보이지만, 그녀는 제도권 바깥에서 더욱 환하게 꽃피어나고 열매 맺은 충실성의 모범이었다. 그 충실성은 예수와 맺은 인연의 초심을 자신의 전 생애를 걸고 지키며 그의 복음을 전파하기 위해 모든 힘을 다해 헌신한 데서 비롯된 신앙적 진정성의 표본이라 할 만하다.

막달라 마리아가 언제 어떤 구체적인 상황에서 예수와 만나 그를 따르게 되었는지 복음서는 자세한 이야기를 전하지 않는다. 다만 그녀는 4복음서에서 모두 예수의 죽음, 장례, 부활의 현장을 지키며 목격한 핵심 증인으로 기록되어 그 역할의 비중을 더한다. 그녀가 살던 곳은 아람어로 믹달(Migdal)이란 마을로 '물고기 탑'이란 뜻을 지닌 지명이다. 이 마을은 게네사렛 평지 남쪽과 갈릴리 호수 티베리아스 북쪽 호변에 위치한 것으로 알려지는데 티베리아스에서 2천 큐빗 떨어진 곳이라고 탈무드에 기록되어 있다. 그녀의 이름 앞에 붙는 막달라(Magdalēnē)는 그녀의 출신 마을인 이 '믹달'의 헬라어 형용사형으로 4복음서에 그녀를 언급하는 곳 대부분에 특징적인 수식어처럼 등장한다.

남성 제자들과 다른 대안적 제자도의 표상

예수의 갈릴리 사역 기간 동안 막달라 마리아는 예수와 제자들의 일상적 필요에 부응하여 실질적 도움을 제공하면서 예수를 따른 여인 중 한 명이었다(눅 8:2). 그 가운데 그녀는 "일곱 귀신"에 들려 고생하던 차에 예수를 만나 축귀의 기적을 경험하고 성한 사람이 된 이력과 함께 간단하게 소개된다. 아마도 이러한 특별한 개인적 변화 사건을 계기로 막달라 마리아는 예수의 선교 여행에 줄곧 따라다니는 제자가 되었던 것으로 보인다. 그러나 남성 제자들과 달리 그녀는 전면에 나서지 않고 뒤에서 그들의 궂은 일상사를 맡아 도와주며 물심양면으로 섬겼을 것으로 짐작된다.

이외에 공관복음서 중 막달라 마리아와 연계되어 기록된 내용은 모두 그녀가 예수의 십자가 처형 현장을 멀리서 바라본 것과 예수의 장례, 부활 사건을 현장에서 목격한 이야기들이다. 마가복음에서 막달라 마리아는 안식일 후 이튿날 장례용품을 가지고 예수의 무덤을 찾았다가 무덤이 비어 있는 것을 확인한 뒤 거기서 천사로 보이는 청년을 만나고 부활의 메시지를 전해 듣는다. 이 동선에 함께한 사람들은 막달라 마리아를 위시하여 야고보와 요세의 어머니 마리아와 살로메 등 여인들 일색인데 이들은 공통으로 예수를 따른 제자들로 묘사된다(막 15:41). 마태복음은 마가복음의 기록을 따르고 있지만 부활을 목격한 여성 증인들의 명단이 약간 다르게 기록되어 있다(마 28:1).

부활 증인으로서 막달라 마리아의 위상과 관련하여 좀 다르게 기록한 복음서는 요한복음이다. 여기서 그녀는 예수의 어머니 마리아, 글로바의 아내와 동행하여 갑자기 십자가 처형 장면에 언급된다. 이후 예수의 장례 현장에는 보이지 않으나 그녀는 부활 현장에 유일한 증인으로 등장한다. 그녀는 사도들에게 빈 무덤에 대해 증언했으나 그녀조차 예수의 부활 사건을 액면 그대로 믿기 어려웠던 모양이다. 그래서 그녀는 사람들이 예수의 시신을 가져다가 어느 다른 곳에 두었다고 제자들에게 보고한 것으로 묘사된다(요 20:1-2). 연이어 요한복음에 길게 제시된 부활한 예수와 막달라 마리아 단둘의 만남 장면(요 20:11-18)은 이 복음서가 예수의 부활 사건을 극적으로 재현하는 기법을 반영한 것으로 보기도 한다. 또는 막달라 마리아를 전형적인 부활 신앙의 모델로 내세움으로써 이를 변증하고자 한 의도로 해석할 수 있다. 이런 견지에서 요한복음이 막달라 마리아를 '막달라'라는 호칭 빼고 그냥 '마리아'라고 부르고 있는 점도 주목된다(요 20:11, 16). 그 가운데 예수를 부인하거나 버리고 달아난 남성 제자들의 소심하고 소극적인 신앙에 대한 대안적 제자도의 표상으로 막달라 마리아를 예수와 맺은 특별한 친연 관계가 부각된다.

독특한 위상과 특별한 존재감

이러한 막달라 마리아의 위상은 그 특별한 존재감으로 인해 가부장주의 체제 하의 초기 교회에 부담이 되었을 것이다. 동시에 여성의 증언을 신뢰하지 않는 당시 유대인 사회의 통상적 분위기에서 애써 그 흔적을 약화하거나 엉뚱한 방향으로 왜곡하는 결과를 낳지 않았나 싶다. 그래서인지 바울 사도가 전하는 중요한 초대 교회의 전승 중 예수 부활의 증인 명단(고전 15:5-6)에 막달라 마리아는 언급조차 되지 않는다. 훗날 막달라 마리아를 누가복음 7장 36-50절에 등장하는 죄 많은 여인과 동일시한 교부 전승은 그녀의 위상을 폄하하고자 한 대표적인 사례로 꼽힌다. 그 밖에 그녀를 베다니의 마리아(요 11:1-12:8, 눅 10:38-42)와 동일시하려는 전통도 생겨났는데 이는 역사적 증거가 전무한 막연한 추측일 뿐이다. 막달라 마리아는 갈릴리 출신의 제자였지 예루살렘 인근에 정주해 살던 베다니의 마리아와 연계 지어 보기는 어렵다는 것이다.

주후 2세기에 나온 신약 외경 문헌인 '사도들의 편지'(Epistula Apostolorum) 에티오피아 버전에서 막달라 마리아는 예수의 직접적인 명령으로 제자들에게 부활 메시지를 전달한 주인공으로 언급된다. 그러나 제자들은 예수가 직접 그들 앞에 나타나기까지 부활을 사실로 믿지 않았다고 한다. 또 다른 외경 문헌인 '베드로복음서'에는, 예수의 장례 때 여성 제자들이 유대인들이 두려워 제대로 애곡하지 못했는데 뒤늦게라도 애곡하기 위해 막달라 마리아가 다른 여성들과 함께 예수의 무덤으로 가서 무덤이 빈 것을 확인한 것으로 기록되어 있다.

마리아 이미지의 변천사

흥미롭게도 핵심적인 부활 증인 막달라 마리아의 존재와 위상을 부각시켜 그녀의 영적인 권위를 강화해 준 것은 영지주의 자료들이다. 가히 공동체적 기억의 부활이라 할 만하다. 도마복음에서는 막달라 마리아와 베드로의 경쟁 구도 속에 막달라 마리아의 특수한 위상이 언급된다. 여기서 베드로는 "여자들은 생명에 합당하지 않으니 마리아를 우리에게서 내보내자"라고 제안한다. 이에 예수는 "내가 몸소 그녀를 인도하여 남자로 만들겠다. 그러면 그녀는 남자인 너희와 비슷한 살아 있는 영이 될 것이다. 자신을 남자로 만드는 여자는 모두 하늘나라에 들어갈 것이다"라는 희한한 말씀으로 대꾸한다. 이 어록은 학자들의 해석 과정에 여러 논란을 낳았는데 통상적으로 하나님이 남녀의 성적 구별 이전에 태초의 인간 아담을 만든 사실을 전제하여 그 '원형적 인간'의 회복을 염두에 둔 표현으로 해석된다.

한편 2세기 문헌으로 알렉산드리아의 클레멘스가 언급한 '마가의 비밀복음서'와 '마리아복음서'에서 막달라 마리아는 부활한 주를 뵙는 환상 가운데 비밀 계시를 받아

이를 제자들에게 전달하고 소통하고자 애쓴 제자로 등장한다. 그 메시지를 듣고 안드레는 불신했고 베드로는 조롱했으나 레위는 두둔하며 옹호해 주었다고 한다. 여하튼 분명한 것은, 이러한 자료에서 그녀가 주께서 다른 제자들보다 더 사랑하고 더 잘 알며 그 자격을 십분 인정해 준 제자로 언급된다는 사실이다. 나아가 3세기 저작된 것으로 추정되는 '피스티스 소피아'(Pistis Sophia)라는 영지주의 문헌에서 막달라 마리아는, 예수에게 진리에 관한 진지한 신학적 질문을 던지는 진리의 탐구자로 등장한다. 거기에 나오는 64개 질문 중 무려 39개를 그녀가 주도해 제기한다. 예수는 물론 그녀의 질문을 독려하고 그녀를 복 있는 여인으로 인정한다.

그 밖에도 '빌립복음서'에서 막달라 마리아는 항상 주와 동행한 주의 동반자, 그리스도가 다른 제자보다 더 사랑한 사람, 더 빈번히 입을 맞추며 애정을 표한 사람으로 묘사된다. '구세주의 대화'(The Dialogue of the Savior)란 또 다른 문헌에서 그녀는 모든 진리를 다 깨달아 알았던 여성으로, 마태, 도마와 함께 대표적인 예수의 세 제자 중 한 명으로 기론된다. '예수 그리스도의 지혜'(The Sophia of Jesus Christ)라는 영지주의 문헌에서 그녀의 위상은 신적인 경지로 승격되어 다른 모든 형제보다 더 천국 지향적인 인물,

모든 여인보다 더욱 복된 여인, 모든 제자보다 더 우월한 제자, 그 말이 아름다운 모든 충만 중의 충만, 모든 완성 중의 완성인 존재로 묘사되며 영지주의 신학과 교리를 정당화하는 신성한 인물로 승화되기에 이른다.

충실한 생활 현장의 제자

이 모든 막달라 마리아의 이미지 변천사는, 요한복음의 기록대로 그녀가 예수의 부활에 유일하고도 특별한 현장 증인으로 오늘날 기독교 신앙 형성사에 결정적으로 기여한 측면이 각기 다른 여러 방향으로 큰 영향을 끼친 결과가 아닐까 사료된다. 그러나 이러한 해석사적 거품을 걷어내고 나면, 그녀는 갈릴리 호변 믹달이란 마을에서 태어나 모질고 거친 환경 속에 힘들게 살던 중 정신이 나가 광기 어린 귀신처럼 말하고 행동하다가 예수를 만나 맑은 정신과 건강한 몸으로 거듭난 구체적인 한 생명이었을 것이다. 그녀는 여성을 남성보다 열등하게 취급하던 당대의 가부장제 관습으로 인해, 예수를 따라 자신의 모든 것을 걸고 헌신하면서도 전면에 나서기보다 뒤에서 궂은일을 맡아 여러모로 섬기며 살던 귀한 제자였다.

제자로서 그녀의 소박한 위대함은 예수가 살아생전 선포한 하나님 나라의 영광에 마음이 들떠 한탕 해 보려는 정치적 야욕이나 경제적 이해타산의 심산으로 그를 따르지 않았다는 데 있다. 오히려 그녀의 존재 가치는 예수와 제자들의 옷을 빨아 주고 일용할 음식을 만들어 공급하는 등 그들의 공적 사역뿐 아니라 일상적 생활 현장에 동참했다는 데 있다. 나아가 예수의 삶뿐 아니라 그의 처절한 죽음의 현장, 시신의 장례 현장까지 지키며 끝까지 그의 일상적 제자로서 충실하다가 마침내 그의 부활을 목격하여 그 복음을 전파한 신실한 증인으로 우뚝 서게 되었다는 사실이 가장 귀하고 중하다.

13

뵈뵈

은밀한 광폭 후원자

다다익선의 원리에 의하면 기록을 많이 남긴 사람이 유명해지곤 한다. 기록에 많은 지면을 차지한 인물도 유명해지는 경향이 있다. 어쩔 수 없는 현상이다. 그러나 그것이 꼭 사실과 부합된다고 볼 수는 없다. 특히 현재의 시점에서 멀리 떨어진 수백 년, 수천 년 전의 인물은 남은 기록도 많지 않거니와, 그 기록의 지면을 한 쪼가리도 차지하지 못한 채 역사의 저편으로 망각된 인물들이 간신히 오늘날 기억 속에 호출된 인물보다 압도적으로 많을 것이다. 그러나 그렇게 망각된 인물 중에도 선량하고 의로운 삶을 살다가 사라진 경우는 또 얼마나 많을 것인가. 이러한 현상을 성서에도 적용할 수 있을까. 충분히 가능하다고 본다. 성서에 등장하는 의인, 악인, 주연급 인물, 조연급 인물, 엑스트라급 익명·무명의 인물 등 다양한 유형 중에서 우리는 누가 더 훌륭하고 덜 훌륭한지, 행여 어느 부분에 어떤 과장과 왜곡이 있는지 최후의 심판을 내릴 자격도 깜냥도 없다. 기록의 표피에 드러난 부분은 마치 빙산의 일각 같아서 그 수면 아래 가라앉은 태산의 부피를 도통 가늠할 수 없기 때문이다.

바울의 중요 임무를 맡은 '우리의 자매'

이런 견지에서 내가 꼽고자 하는 첫 번째 인물은 로마서 16장 1-2절에 갑작스레 등장하는 뵈뵈라는 여인이다. 주변의 맥락을 살펴보자면, 그녀는 로마서라는 중요한 바울의 편지를 로마 교회에 전달하는 배달꾼 역할을 담당한 것으로 보인다. 그녀에 대한 기록으로 남은 자료는 달랑 로마서 16장 1-2절이 전부다. 여기에 등장하기까지 그녀가 언제 어디서 태어나 어떻게 자랐는지, 언제 예수 그리스도를 믿게 되었고 어디서 누구에게 세례를 받았으며 어떤 신앙생활을 해 왔는지 전혀 알 수 없다. 다만 우리는 이 구절의 단편적인 정보를 최대한 세밀하게 분석하여 추론하고 짐작할 수 있을 뿐이다. 바울은 로마서란 편지를 고린도에서 썼던 게 거의 확실하다. 그가 이 편지를 자신이 개척해 세운 교회가 아닌 로마 교회에 왜 써서 보냈는지가 거시적인 연구의 관심사라면, 어떤 경위로 이 중요한 편지를 뵈뵈라는 낯선 여인에게 맡겨 배달을 부탁했는지는 미시적인 연구의 호기심을 부추긴다. 물론 그녀가 낯선 것은 현재 독자들에게 그렇다는 것이지 바울에게는 그런 중요한 임무를 맡길 만큼 신뢰 관계가 이미 퍽 돈독하게 구축되어 있었으리란 추론이 가능하다.

이런 전제 아래 그녀는 "우리의 자매"로 맨 먼저 호명된다. 자매는 형제와 마찬가지로 그리스도 안에서 이 세상의 신분과 계급, 종족과 나이를 뛰어넘어 새롭게 형성된 신앙적 정체성의 호칭이다. 그러니까 바울은 뵈뵈를 추천하면서 그녀가 자신뿐 아니라 로마 교회의 성도에게도 자매로 인정되고 존중받기를 기대한 것이다. 그래서 '나의 자매'만이 아니라 '그들의 자매'도 되어 '우리의 자매'로 영접되길 원한 것이다. 로마 교회 성도들이 뵈뵈를 기쁨으로 영접하여 환대했다면, 그녀가 배달하는 편지와 그 편지를 쓴 사도 바울을 그만큼 존중했다는 방증이 된다. 또 간단하지 않은 로마서의 분량과 심오하고 때로 난해할 수도 있는 그 내용을 로마 교회의 성도들이 소리 내어 읽어 가면서 뜻이 모호하거나 잘 이해되지 않는 지점에서 뵈뵈는 현장의 1차 해석자로 그 편지의 전후좌우 맥락을 살펴 그 의미를 풀어 설명해 주었을 가능성도 있다.

밝게 조명하는 '교회의 일꾼'

여기서 잠깐 살펴봐야 할 것은 그녀의 이름 뵈뵈이다. 뵈뵈(Phoebe)라는 이름은 고대 그리스 신화에 나오는 여신의 이름으로 '순결하다', '밝다', '빛나다'라는 뜻을 품고 있다. 티탄 신족(Titans)의 자녀 중 하나인 뵈뵈(포이베)는 이 세상의 신분으로도 여신의 이름을 가질 만큼 상당한 가문을 배경으로 갖고 있었을 가능성이 있다. 아마도 그 이름자의 함의대로 그녀가 로마서의 텍스트를 밝히 조명함으로써 로마 교회와 바울의 코이노니아에 명징한 가교 역할을 하지 않았을까 하는 기대를 그 이름자에 살짝 얹어 볼 만하다.

그녀의 공생애와 관련해 공적 위상을 약간 암시해 주는 정보가 "겐그레아 교회의 일꾼"이었다는 문구다. 겐그레아는 당시 고린도의 외항으로, 지진으로 물속에 가라앉아 지금은 그 흔적을 찾아볼 수 없는 바닷가 마을이었다.

바울의 고린도 선교 열매가 그 주변 지역으로 복음을 확장하는 데 영향을 끼쳐서 뵈뵈 같은 인물이 그 지역의 가정 교회에 모인 형제자매들을 돌보는 리더 역할을 하지 않았을까 짐작된다. 그런데 학자들 사이에 논란이 많은 호칭이 일꾼(diakonos)이라는 단어다. 이 단어는 오늘날 집사를 뜻하는 영어 단어(deacon)의 어원으로 그때 당시 교회의 직제가 대강이라도 확립되어 '집사'라는 직분이 있었을까 하는 의구심을 불러일으킨다. 대체적인 논의의 결과인즉, 아직 그때는 그렇지 못했으리라는 것이다. 로마서의 해당 맥락에서 이 단어의 의미는 겐그레아의 그 가정 교회 전체를 돌보고 섬기며 관할하는 리더 사역자를 염두에 둔 표현에 가까웠으리라는 것이다. 어쩌면 고린도에서 바울을 만나 기독교 신앙으로 회심한 뵈뵈는 바울에 의해 자신의 고향 또는 거주지였던 겐그레아로 파송되어 그곳에서 조그만 가정 교회를 개척해 사역을 감당해 나갔을 가능성이 있다.

바울은 이러한 두 가지의 호칭으로 뵈뵈를 로마 교회 성도들에게 소개하면서 그녀가 로마에 당도할 때 그녀를 영접할 뿐 아니라 필요한 숙식과 관련한 일체의 필요에 부응하여 그녀를 도와줄 것을 제안했다. 그러한 제안의 정당성은 간단히 "성도들의 합당한 예절"로 설명된다. 물론 원어의 표현에 '예절'이란 명사는 등장하지 않는다. 그 문구는 문자 그대로 풀면 "성도의 값어치에 합당하게"라는 부사구다. 거룩한 무리를 뜻하는 집합명사 '성도'는 함부로 취급해서 안 되는 귀한 존재다. 그 고유한 값어치와 품격에 걸맞게 대접하고 존중해야 할 대상이다. 비록 뵈뵈가 가녀린 여인이었을지라도 하나님이 구별하여 세우신 성도의 한 사람으로 불러 주시고 인정해 주셨다는 사실 하나만으로 그녀는 충분히 환대받아야 할 이유가 있었다.

넉넉한 나눔과 후원의 손길

마지막으로 뵈뵈는 바울뿐 아니라 많은 사람에게 '후원자'(prostatis)의 역할을 감당할 수 있을 만큼 재물의 여유가 있는 여인이었다. 남들에게 활수하게 베풀 만큼 풍성한 그녀의 물질적인 소유가 상속받은 재산이었는지 아니면 사업의 수완을 발휘하여 축적한 부였는지는 알 수 없다. 중요한 점은 그 재산의 많고 적음을 떠나 그녀가 자발적으로 바울의 선교 사역을 줄곧 후원해 왔을 뿐만 아니라 많은 사람에게 나눔의 손길을 펼쳐 그들을 도와주는 해결사로 활약해 왔다는 사실이다. 고대 로마 사회는 의뢰인과 후견인의 호혜적인 관계로 굴러가는 역동적인 체제였다. 아무리 의미 있는 사업을 도모하더라도 정치 경제적인 맥락에서 그 일을 돕고 뒷배를 봐주는 후견인이 없으면 성과를 거두기가 쉽지 않은 게 현실이었다. 이런 와중에 뵈뵈라는 여인은 혜성같이 나타나 바울이 긴요한 상황에 직면할 때마다 관대한 나눔을 통해 코이노니아와 디아코니아의 파트너를 자처했고, 또 교회 안팎의 중요한 행사로 재정적인 도움이 필요할 경우 자신의 재물로 섬기는 일에 기꺼이 동참함으로써 많은 사람의 후원자로 소문이 자자했을 것이다. 이러한 뵈뵈의 신앙과 사랑의 실천에 대한 명성이 아마도 로마의 신앙 공동체에도 전해져 그녀를 통한 서신의 전달에 신뢰의 무게를 더했을 가능성도 없지 않다.

이와 같이 단편적인 증거 자료일망정 로마서 16장의 한 대목은 뵈뵈라는 한 여성 신앙인의 발자취를 짧지만 매우 인상적으로 전하고 있다. 그 후일담의 일환으로 한 가지 분명한 사실은, 로마서는 결국 뵈뵈를 통해 육상과 해상의 긴 거리를 이동하여 마침내 로마 교회의 성도들에게 전달되었고 그 편지가 그 공동체 성원들 앞에 낭송되었으리라는 것이다. 당연히 뵈뵈는 그 현장에 함께했을 것이다. 그러니 이 편지가 후대에 전승되기까지 그녀는 맡은 바 임무를 성공적으로 수행한 일등공신이었다. 그 이후 뵈뵈의 발자취는 더 이상 추적할 수 없으나 이 간명한 사실 몇 가지만으로도 신약성서 형성사와 초기 교회사에서 뵈뵈의 존재는 그 이름자 그대로 휘황한 빛을 발하며 환하게 빛난다.

    뵈뵈라는 이름과 함께 후세의 기독교 신자들이 기억할 것은 충실한 섬김의 리더십이다. 그런데 뵈뵈의 그 섬김은 추상적인 개념이 아니라 자신의 모든 것을 걸어야 하는 순수한 헌신의 실천적 용기를 필요로 했다. 그녀는 분명 겐그레아 교회의 사역자로 나름껏 가정 교회 형태의 신앙 공동체에서 중요한 몫을 감당하고 있었다. 그러나 그 리더십은 그 지교회에 한정되지 않았고 그 범위를 넘어 주변의 다른 사람들에게까지 연대와 협력의 손길을 뻗쳐 두루 돕는 후원자의 역할을 마다하지 않았다. 오늘날 개교회주의의 타성으로 각자도생의 외로운 사역을 온몸으로 감당해야 하는 개척 단계의 연약한 신앙 공동체의 현실을 감안할 때 뵈뵈 같은 후원자의 결핍이 마냥 아쉬운 시대가 아닐 수 없다. 더구나 로마서 같이 중요한 공문서를 먼 거리를 이동하여 전달한다는 것은 웬만큼 책임감이 있는 경우가 아니라면 결코 감당하기 쉬운 일이 아니었다. 근육질의 남성도 아니고 섬세한 심성의 여성 한 사람이 이 임무를 무난히 감당하리라 믿고 뵈뵈에게 전적인 신뢰를 보인 바울의 몇 마디는 그래서 그 울림이 크다.

14

브리스길라와 아굴라

의리의 신앙 부부

역사에 주연과 조연이 따로 있는 것처럼 흔히 말하지만 그 내막을 좀 더 촘촘히 파헤쳐 실상을 따져 보면 그 차이란 게 결국 남아 있는 사료에 언급된 분량의 차이 정도가 아닐까 하는 의문이 든다. 그들 모두 하루 24시간의 삶을 살았고, 그 시간을 채워 간 삶의 내용이 일부만 채록되어 역사 자료에 남았을 뿐이다. 저자의 특정한 목적과 동기가 있어 주인공급으로 내세운 인물에게는 당연히 많은 지면을 할

애해 기록했지만 그렇지 못한 조연이나 엑스트라 인물에게는 간단한 언급으로 지나쳤을 것이다. 그러나 감추어진 것들의 진리란 게 있다면 그 양적인 언급의 분량이 반드시 그 역사적 삶의 질적인 심도와 비례한다고 단정하기는 어렵다. 신약성서의 주연급 인물 사도 바울과 그 주변 인물들에게도 이러한 기준을 적용할 수 있을까.

사도 바울의 대표적인 동역자가 되기까지

바울 사도가 선교 사역 중 교류하고 동역한 대표적인 인물로 브리스길라와 아굴라 부부를 꼽는 것은 설득력이 있다. 이 부부의 협력이 아니었다면 바울은 고린도와 에베소, 로마 등지에서 현재 우리가 확보한 내용만큼 선교적으로 공헌하기 어려웠을 가능성이 크다. 이런 주변인의 협력이 있어 특정한 일이 날개를 달아 풍성한 결실로 나타나기도 하지만, 반대로 아무리 주인공이 용을 쓰고 힘을 내어도 결정적인 상황에서 그런 협력이 없어 나락으로 떨어지기도 한다. 이런 기준에 부응할 만큼 브리스길라와 아굴라 부부는 바울의 선교 중반기, 그러니까 그의 2차 선교 여행 이후 그에게 없어서는 안 될 중요하고 귀한 동역자였다.

브리스길라와 아굴라 부부를 언급한 신약성서의 구절은 그리 많지 않고 그것도 단편적인 내용이 전부이다(행

18:2, 18, 26, 롬 16:3, 고전 16:19, 딤후 4:19). 이 가운데 고린도전서 16장 19절을 제외하고는 이 부부의 이름을 나란히 병기한 구절에서, 당시 가부장제 사회의 관행과 달리 아내인 브리스길라 이름을 남편 아굴라 이름 앞에 쓴 이례적 경우와 관련하여 그 이유가 주목받아 왔다. 남편 아굴라(Aquila)가 본도(폰투스) 출신의 디아스포라 유대인이었던 데 비해 아내 브리스길라(Priscilla)는 로마의 귀족 가문 출신이어서 신분상의 등급이 달랐다는 추론이 그 현상을 설명하기 위해 제기되곤 한다. 그러나 아내의 출신 성분에 대해서는 신약성서나 동시대의 역사 문헌에 아무런 증거 자료가 탐지되지 않는다. 이보다 합리적인 추론은 이 부부 중 아내 브리스길라가 더욱 특심한 신앙적 열정과 적극적인 자세로 바울의 선교 사역뿐 아니라 각지의 이방인 교회 사역에 참여하며 보여 준 헌신의 노력과 협력의 정성이 각별하여 초기 기독교인들에게 칭송이 자자했으리라는 것이다.

이들 부부는 본래 로마 교회의 최초 그리스도인 신자로 당시 회당에서 모이던 에클레시아 태동에 적극 기여한 것으로 보인다. 로마 오현제 시대의 역사가이자 정치가였던 수에토니우스(Suetonius)의 기록에 의하면, 클라우디우스 황제 치세 기간인 주후 49년에 유대인 회당 공동체를 중심으로 '그리스도'(Chrestus. Christus의 오기로 본다)를 둘러싼 논쟁이 벌어졌다. 아마도 예수를 메시아(그리스도)로 인정하는 유대인 기독교 신자들과 그 신앙을 거부하는 비신자 유대인들 사이에 격론이 일어 회당 안팎이 꽤 시끄러웠던 모양이다. 당시 로마에는 유대인들이 모이던 회당이 15개가량 있었을 정도로 그 공동체의 규모가 컸는데, 예의 논쟁으로 소요 사태 등의 치안 문제를 염려한 황제가 유대인 추방 칙령을 내리게 되었다. 이때 이 부부도 로마를 떠나 다른 유대인들 틈에 섞여 고린도로 건너와 정착한 것으로 보인다. 그들은 천막을 만들어 파는 장인의 기술이 있었는데 마침 고린도에 들어와 선교 활동을 펼치고 있던 바울 사도와 신앙뿐 아니라 생계 노동의 직업이 같았다. 그러한 공통점이 그들 셋이 의기투합하여 동업하며 복음 전파에 동역하는 일을 가능케 했을 것이다.

당시 고린도는 고대 그리스 4대 제전 중 하나로 유명한 이스트미아 제전(Isthmian game)이 열리면 그 경기와 예술 공연을 보기 위해 각지에서 몰려든 인파가 대단했다. 그 인원을 일반 여관이 다 수용하기 어려운 까닭에 천막을 구해 야영하면서 제전에 참여하는 손님들이 많았던 터라 천막을 만들어 파는 사업의 이문이 쏠쏠했을 것이다. 이러한 맥락에서 상상할 만한 풍경을 그려 보면, 이들 셋이 합력하여 점포를 얻어 아굴라와 바울이 함께 장막을 만드는 일을 하고 싹싹한 브리스길라가 호객 행위를 하며 손님들과 거래를 트면 사도 바울이 나서서 복음을 전파하는 현장이 떠오른다.

협조적 동역자에서 주체적 사역자로

이후 바울이 고린도를 떠나 에베소로 이동할 때 브리스길라와 아굴라도 그를 따라나서 새로운 선교 현장을 함께 개척하면서 선교 및 목회 사역에 동역했던 것으로 보인다. 에베소에서 쓴 고린도전서의 한 구절(16:19)이 증언한 대로, 그들 부부는 자기 집에 가정 교회를 세워 바울의 에베소 사역을 측면 지원하는 방식으로 동역했다. 이들의 에베소 사역 중 특별한 것 한 가지는, 아볼로라는 걸출한 성서학자를 발굴하여 세례 요한의 세례에 머물러 있던 그의 복음 지식을 좀 더 정확하게 보완하고 확장시키는 일에 도움을 준 것이다. 그러한 건전한 계몽을 통해 그가 장차 고린도 교회에서 바울의 후속 사역을 감당할 수 있는 지도자로 활동하도록 이 부부는 성심으로 지원하고 지지했다(행 18:24-28). 그 후로 바울이 배편으로 가이사랴항을 거쳐 예루살렘으로 돌아갈 때, 브리스길라와 아굴라 부부는 황제의 추방 칙령이 해제됨에 따라 바울과 헤어져 다시 로마로 돌아가 자기 집에 가정 교회 형태로 다시 새로운 신앙 공동체를 개척하고 바울의 향후 서바나 사역을 위한 기반을 다졌을 것으로 짐작된다. 고린도에서 뵈뵈를 통해 전달한 로마서의 문안 인사에는 이 부부를 그리워하면서 장차 재회할 날을 고대하는 바울의 온정 어린 마음이 잘 드러나 있다. "너희는 그리스도 예수 안에서 나의 동역자들인 브리스가와 아굴라에게 문안하라. 그들은 내 목숨을 위하여 자기들의 목까지도 내놓았나니 나뿐 아니라 이방인의 모든 교회도 그들에게 감사하느니라"(롬 16:3-4).

브리스길라의 위상이 남긴 상징적인 의미는 지대하다. 그는 여성으로서 바울의 동역자로 헌신했고 성서에 박식한 남성 아볼로를 가르쳤다. 이는 여성이 남성을 가르치거나 다스리는 것을 허용하지 않는다는 후기 바울서신의 일부 구절(딤전 2:12-14)과 정면으로 배치되는 증거로, 당시 가부장적 고정 관념에 도전하는 예외적 사례에 해당한다. 그녀는 분명히 남성을 가르쳤고 초기 교회 역사에서 최초의 여성 설교자이자 말씀의 교사이며 추앙받던 선교사로 인정되었다. 이러한 잠재 역량과 실효적인 활약상을 감안하여, 비록 널리 수용되는 학설은 아니지만 일부 학자는 브리스길라를 히브리서의 익명 저사로 간수하기도 했다. 이 견해에 의하면, 브리스길라의 저자명을 굳이 감춘 것은 당시 가부장주의 관습에 불편했거나 쓸데없는 억압적 오해를 방지하기 위한 의도적인 선택이었다고 한다.

브리스길라와 동일하게 사용된 그녀의 라틴어 이름 브리스가는 '오래된'(ancient), '존경할 만한'(venerable)이란 의미를 함유한다. 그 이름자에 새겨진 상징적 암시가 그녀의 이력에 반영된 측면이 있다면, 그녀가 로마 교회의 창립 멤버로서 이 공동체에 오래 머물며 그 희로애락을 함께 한 신앙의 증인이었다는 점이다. 그녀는 남편과 함께 로마 교회가 유대인 회당에서 시작할 때부터 로마 최초의 그리스도인 중 한 명으로 개척의 선봉에 섰던 것으로 보인다. 그러다가 회당 공동체 내에서 예수를 그리스도로 인정하지 않는 자들과의 불화와 갈등 속에 부득불 로마를 떠나 고린도, 에베소 등지로 떠돌면서 바울 사도와 동역하여 선교에 임했다. 그러나 그렇게 몇 년의 세월을 에둘러 바깥으로 다니다가 클라디우스 황제의 유대인 추방 명령이 해제되자 그녀는 다시 로마로 돌아와 이제는 가정 교회 형태로 로마의 신앙 공동체 재건에 앞장서서 헌신했을 것으로 추정된다. 이렇듯 그녀는 오랫동안 그 공동체의 기원과 함께 이후 파란만장한 역정을 지켜본 증인이었을 뿐 아니라 온몸으로 헌신하며 섬긴 신실한 사역자였다.

아굴라라는 라틴어 이름은 '독수리', '성좌'라는 뜻을 품고 있다. 주지하듯 독수리는 로마 제국을 상징하는 새로, 로마 제국의 군단은 독수리 문양이 새겨진 군기를 사용했다. 교회사의 전승에 의하면 그는 로마에 오래 머물지 않았고, 바울이 순교하기 전 소아시아 지역의 감독으로 파송되었다. '사도헌장'(Apostolic Constitutions)이라는 교회사 자료에서도 그의 이름은 소아시아 지역에 최초로 임명된 몇몇 감독 중 한 명으로 언급된다. 이 교회사의 전승대로라면 아굴라는 클라우디우스 황제의 유대인 추방 칙령이 해제된 이후 로마로 돌아온 뒤 거기에 오래 머물지 않고 바울의 파송을 받아 독수리처럼 멀리 소아시아 지역으로 날아가 아내 브리스길라와 별도로 독자적인 선교 및 목회 사역에 힘쓴 것으로 볼 수 있다.

끝까지 복음에 진심이었던 초지일관의 신앙인

요한복음에 나오는 예수의 한 어록에 의하면 친구를 위해 자신의 목숨을 내놓는 것보다 더 큰 사랑이 없다(15:13). 그렇다면 이 기준에 비추어 브리스길라와 아굴라 부부는 지고지선의 우정으로 바울 사도에게 끝까지 의리를 다한 신실하고 소중한 동역자였다고 볼 수 있다. 그것이 단순히 바울이라는 한 개인 사역자를 향해 우상숭배식의 추앙을 한 것이 아니었음은 이어지는 구절에 확연하게 드러난다. 그가 다니면서 개척한 고린도, 에베소, 로마 등 이방 지역의 많은 교회가 그에게 큰 사랑의 빚을 져 온지라 감사의 마음을 품고 있다는 것이다. 이들 부부는 가는 곳마다 집을 구해 그곳에 사람을 모아 복음을 전했고 교회를 세웠다. 툭하면 사소한 차이로 갈등과 분란을 일으켜 교회를 분열시키고 깨 버리는 일이 비일비재한 작금의 세태에 비추어 이들 부부는 애써 협력하여 공동체를 세우고 섬기며 끝까지 그리스도의 복음에 진심이었던 충실성의 구현자로 우뚝하다.

15

루디아, 에바브로디도, 유오디아와 순두게, 글레멘드, 나와 함께 멍에를 멘 순정한 당신

빌립보 교회의 숨은 조력자들

신약성서는 특정 개인의 영웅담에 크게 의존하지 않고 예수 그리스도를 통해 나타난 하나님의 구원사를 중심으로 서사를 이끌어 가기에 인물의 세세한 삶의 행적을 정확하게 파악하기 어렵다. 그러나 그렇다고 그들이 구약성서의 많은 영웅적인 인물들에 비해 신앙심이 모자라거나 중요성이 떨어지는 것은 아니다. 오히려 그들의 익명이나 무명이 배경이 되어 인간의 흔적을 지우고 그 자랑을 내려놓은 채 하나님의 영광을 더욱 영롱하게 빛나게 하는 역할을 하기도 한다. 이런 관점에서 주목해 볼 만한 인물들이 빌립보 교회의 몇몇 사람들이다. 그들은 스치듯 지나는 바람처럼 잠깐 언급되거나 간단히 이름만 거명되고 심지어 익명으로 처리되기도 하지만 그러한 이유로 더 궁금해지고 더 신비하게 상상 속에 떠오르곤 한다.

헌신적인 일꾼 루디아, 에바브로디도

빌립보 교회는 바울이 1차 선교 여행을 마치고 아시아를 떠나 유럽으로 들어가 최초로 개척한 교회였다. 사도행전의 기록에 의하면 그 선교 동선의 방향 전환은 어떤 사람이 환상 중에 나타나 "마게도냐로 건너와서 우리를 도우라"(행 16:9)는 요청에 이끌린 결과였다. 이에 따라 바울은 배를 타고 사모드라게로 직행하여 마게도냐 지역의 항구 네압볼리에 당도한 뒤 걸어서 빌립보 도성으로 들어갔다. 이 도시는 알렉산드로스 대왕의 부친 필리포스 2세의 업적과 명성을 기리기 위해 그리 명명된 도시로서, 로마 시대에도 황제의 권위 아래 식민화한 자유시로 발돋움하여 그 위상을 인정받고 있던 터였다. 바울은 이곳에 유대인의 회당이 없었는지 안식일에도 회당으로 가지 못하고 기도처를 찾아 강가로 나갔다가 이방 여자들을 만났다. 그 가운데 루디아라는 여인과 마음이 통해 복음 전파의 교두보를 놓게 되는데 그녀는 두아디라 출신의 자색 옷감 장사꾼이었다. 아마 그 강가에서 루디아가 여인들을 모아 놓고 장사판을 벌이던 상황이 아니었을까 추측된다. 두아디라 고향 마을에서 자색 옷감을 장만하여 여러 곳을 다니며 팔아 이문을 남기던 행상 루디아는, 당분간 빌립보에 머물면서 그곳의 여인들에게 물건을 팔던 차에 바울을 만나 복음을 듣고 마음 문을 열게 되었을 것이다. 그녀에게 딸린 가족이 있었는지 루디아는 복음을 받아들여 집안사람들과 함께 세례를 받아 신자가 되었고 이내 바울을 자기 집에 초청하여 그곳을 발판으로 빌립보 교회가 개척되었던 것 같다.

여기까지가 사도행전의 빌립보 선교 초기 기록인데 이후 루디아의 행적은 다른 곳에 드러나지 않는다. 바울이 로마에서 그의 마지막 유고 서신으로 빌립보 교회에 써 보낸 편지로 알려진 빌립보서에도 루디아의 이름은 등장하지 않는다. 대신 에바브로디도라는 이름이 몇 차례 언급된다. 빌립보 교회가 바울이 로마의 옥에 갇혀 고생한단 소식을 듣고 일종의 영치금으로 후원금을 전달했는데 그 임무를 맡아 파송한 베신서가 바로 에바브로디도였다. 그는 바울의 표현에 의하면 "나의 형제요 함께 수고하고 함께 군사 된 자요 너희 사자로 내가 쓸 것을 돕는 자"(빌 2:25)였다. 여기에 사용된 '사자'(apostolos)라는 말은 흔히 '사도'로 번역되는, 바울이 그 자신을 가리켜 부른 그 명칭과 동일하다. 그가 빌립보 교회의 미션을 부여받아 빌립보에서 로마까지 이동한 거리는 대략 1,200킬로미터나 되었다. 그 먼 거리에 지쳤는지 그는 로마에 도착하기 전 또는 도착한 후 바울을 지극정성으로 섬기던 중 덜컥 병에 걸려 버렸다.

그의 병은 거의 죽게 될 정도로 심한 중병이었던 것 같고 이 소식은 빌립보 교인들에게 전달되어 근심을 유발했다. 그들의 근심을 능히 예상할 만했던 바울도 그들의 근심으로 인해 덩달아 근심할 수밖에 없었으나 하나님의 긍휼하심으로 그는 극적으로 회복했고, 그것이 바울의 입장에서는 "근심 위에 근심을 면하게" 되는 다행스런 귀결이었을 것이다(빌 2:26-27). 그 즉시 바울은 에바브로디도를 빌립보 교회로 돌려보내 교인들을 안심시키고자 했고 교인들에게 "모든 기쁨으로 그를 영접하고" "존귀히 여기라"고 권면했다(빌 2:29). 이와 같이 죽을 고비를 넘긴 상황을 안타깝게 지켜본 바울의 심중에 에바브로디도는 "그리스도의 일을 위하여 죽기에 이르러도 자기 목숨을 돌보지 아니한" 헌신적인 일꾼이었고 옥중에 갇힌 바울을 "섬기는 너희[빌립보 교인들]의 일에 부족함을 채우려" 최선을 다한 신실한 사역자였다(빌 2:30). 교회사의 전승에 의하면 에바브로디도는 동방 정교회와 서방 가톨릭교회에서 공히 성인으로 간주되었고, 빌립보와 안드리아카, 이탈리아의 로마 아래 위치한 테라치나의 초대 감독으로 그 이름이 거론된다. 물론 이 모든 인물이 동일한 사람인지, 또 그들이 빌립보서의 에바브로디도와 같은 사람인지에 대해서는 확증할 만한 증거가 부족하다.

유오디아, 순두게, '나와 같이한 당신'

빌립보서 4장 2절에 등장하는 유오디아(Euodia)와 순두게(Syntyche)라는 두 여인은 그 정체가 불분명한데 일각에서 이들 중 한 명이 루디아의 다른 이름일 가능성이 있다고 조심스레 추정한다. 물론 그 증거는 없다. 이들은 바울의 기억 속에 "복음에 나와 함께 힘쓰던 여인들"이었는데 "주 안에서 같은 마음을 품으라"는 권고를 듣게 되었다(빌 4:2-3). 아마도 전후 사정으로 미루어 복음 전파의 과정에서 어떤 일로 이 두 여인이 이견이 생겨 서로 간에 긴장과 갈등의 상황이 불거졌고 그것이 교회 전체에 부정적인 영향을 끼칠 만큼 우려할 만하다는 정보가 바울에게 전달되었으리라 짐작된다. 빌립보의 신앙 공동체 안팎에 복음을 전파하되 서로 경쟁심을 가지고 "다툼으로 그리스도를 전파"(빌 1:17)하는 경우가 있었던 상황에 비추어 서로의 성과를 두고 시샘과 질투의 마음이 작동하여 선교 현장을 거칠게 만들 우려가 있었을 가능성도 짚어 볼 수 있다. 그러나 그들이 이런 상황에서 공동체를 파괴하거나 떠난 것 같지는 않다. "그 이름들이 생명책에 있느니라"(빌 4:3)는 확신을 줄 만큼 바울은 여전히 그들을 신뢰하고 있었다. 다만 복음 전파의 과도한 열정이 경쟁심을 낳은 터라 그리스도의 겸손한 마음을 품고 서로 관용으로 대하라고 훈계한 것으로 파악된다.

유오디아와 순두게를 권면하는 와중에 바울은 뜬금없이 "참으로 나와 멍에를 같이한 당신"(빌 4:3)을 언급한다. 여기서 "참으로"로 번역된 헬라어(gnēsie)는 '순수한', '진실한', '합법적인'이란 뜻의 형용사이고, "멍에를 같이한"(syzyge)도 고대 사회에서 모든 삶을 함께 나누는 운명 공동체적 동역자 관계를 일컫는 형용사다. 최근 한 연구는 이 중요한 인물이 익명으로 언급되고 있다는 점과 여기 사용된 어휘의 범상치 않음을 증거로, 바울이 자기의 합법적 아내에게 유오디아와 순두게의 화합을 도와주라고 요청한 것이라고 해석하기도 한다. 그러나 바울이 결혼했고 이전부터 아내가 있었거나 이 서신 집필 당시 있었을 가능성은 그 반대되는 증거와 함께 논란이 분분한 사안이라 단정적으로 판명하기는 어렵다. 다만 바울이 자신의 편지에서 드물게 권면의 대상이 되는 특정 개인 두 명을 실명으로 언급하고 권면을 부탁하는 사람에게는 중요한 수식어를 붙여 '당신'이라는 2인칭 단수로 호명하면서 왜 이를 익명으로 처리했는지는 의문이다. 그래서 다른 한편으로 이 익명의 '당신'이 사도행전에서 언급한 빌립보 교회의 초석이 된 루디아였을 가능성을 타진하기도 하지만 이 추론 또한 사실로는 확정하기 어렵다. 아울러 익명의 그녀에게 부여한 딱 한마디 말(syllabanou)은 단순히 '돕다'라는 뜻이 아니라 '합하다', '함께 취하다', '포용하여 이해하다', '품다' 등의 복합적인 의미가 있기에 바울은 그녀에게 빌립보 교회의 화합과 공동체성 유지를 위해 포괄적인 책임을 부여한 것으로 읽을 수도 있다.

어떤 글레멘드인가

이러한 여인들 틈바구니에 또 한 사람의 이름이 등장하는데 그가 바로 글레멘드다. 유오디아와 순두게를 도우라고 부탁한 그 익명의 인물에게 바울은 또 글레멘드와 바울의 동역자들을 도우라고 권면하고 있다. 바울의 동역자들은 로마에도 있고, 빌립보 교회를 포함하여 다른 여러 곳에도 있을 수 있는데 굳이 글레멘드를 그들과 구별하여 언급한 까닭은 무엇일까. 오로지 이름만 언급된 글레멘드는 빌립보 교회 출신으로 당시 바울과 함께 로마에 있지 않았다면 빌립보에서 무슨 사역을 위임받아 무슨 일을 하고 있었던 것일까. 빌립보 교회 공동체 전체 구도에서 그의 위상과 역할이 무엇이었기에 그를 특별히 지목하여 도우라고 명한 것일까. 여기서 글레멘드는 헬라어로 '클레메스'(Klēmēs)로 발음하지만 라틴어로 읽느냐 영어로 읽느냐에 따라 클레멘스 또는 클레멘트로 읽히기도 한다. 이 이름을 지닌 고대 교회사의 인물로 우리에게 익숙한 사람은 먼저 알렉산드리아의 클레멘스로 일컬어지는 교부로서, 전체 이름은 티투스 플라비우스 클레멘스(Titus Flavius Clement)인데 그는 2세기 말엽부터 3세기 초엽까지 활동했다. 그는 스토아 철학에서 회심한 판태누스(Pantaenus)의 제자로 스승이 세운 알렉산드리아의 최초 기독교 학교를 발전시켜 알렉산드리아 신학의 토대를 확립한 인물이다. 그러나 시기적으로 그는 빌립보서의 글레멘드와 맞지 않는다.

좀 더 가능성이 높은 인물은 1세기 말 로마의 감독으로 활동하면서 당시 또다시 불거진 고린도 교회의 갈등 상황에 개입해 고린도 서신을 써 보낸 클레멘스다. 가톨릭교회에서는 그를 초대 교황 베드로의 계보를 이어 로마에서 4대 교황으로 재직했다고 보기도 한다. 그는 아직 신약성서가 정경화되기 이전에 신약의 여러 문서를 구약성서와 동일한 거룩한 문서로 그 권위를 인정했고 교회를 그리스도의 영적 임재가 나타나는 거룩한 장소로 간주했다. 그는 도미티아누스 황제 때 황제 숭배 문제로 핍박을 받아 크림반도의 광산으로 유배되었는데 거기서도 침묵하지 않고 복음을 열심히 전하다가 황제의 노여움을 사서 그 목에 닻이 감겨 바다에 던져지는 방식으로 순교를 당했다고 교회사의 전승은 기록한다. 지금도 그 지역에서는 십자가로 형상화된 배의 닻을 클레멘스와 결부된 희망의 증표로 간주할 정도로 그의 영향력은 순교 이후에도 강하게 남아 있다. 빌립보서 4장 3절의 글레멘드가 1세기 말 로마에서 맹활약한 클레멘스와 동일인이라면, 60년대 초반 저작된 빌립보서는 초대 교회의 중요한 한 비밀을 품고 있는 셈이다.

이처럼 신약성서의 행간에는 그 기록 분량의 과다와 무관하게 빛도 없이 영광스러운 이름도 없이 오로지 그리스도를 향한 순결한 헌신의 믿음만으로 담대하게 그 순례의 여정을 완주한 선열들이 많다. 우리의 무지에도 불구하고 하나님 나라의 보배로운 별처럼 그들은 시공을 초월하여 영롱한 빛을 발한다. 빌립보서의 몇 명도 그 후보군에 해당된다고 볼 수 있다.

성서의 인물들

그 빛과 그림자

초판 1쇄 발행 2025년 9월 22일

지은이	차정식
펴낸이	박명준

편집	박명준	펴낸곳	바람이 불어오는 곳
디자인	김진성	출판등록	2013년 4월 1일 제2013-000024호
제작	공간	주소	03041 서울 종로구 자하문로 5, 5층
		전자우편	bombaram.book@gmail.com
		문의전화	010-6353-9330 팩스 050-4323-9330
		홈페이지	bombarambook.com

ISBN 979-11-91887-31-0 03230
ⓒ 차정식 2025

- 이 책의 판권은 지은이와 바람이 불어오는 곳에 있습니다.
  이 책의 내용의 전부 또는 일부를 재사용하려면 반드시 양측의 서면 동의를 받아야 합니다.

- 잘못된 책은 구입하신 곳에서 교환할 수 있습니다.

바람이불어오는곳 은
삶의 여정을 담은 즐거운 책을 만듭니다.

bombarambook